딥페이크 기술의 윤리적 이슈와
바람직한 발전 방향

딥페이크 기술의 윤리적 이슈와 바람직한 발전 방향

발행일	2025년 8월 31일

지은이	정창록		
펴낸이	손형국		
펴낸곳	(주)북랩		
편집인	선일영	편집	김현아, 배진용, 김다빈, 김부경
디자인	이현수, 김민하, 임진형, 안유경	제작	박기성, 구성우, 이창영, 배상진
마케팅	김회란, 손화연, 박진관		
출판등록	2004. 12. 1(제2012-000051호)		
주소	서울특별시 금천구 가산디지털 1로 168, 우림라이온스밸리 B동 B111호, B113~115호		
홈페이지	www.book.co.kr		
전화번호	(02)2026-5777	팩스	(02)3159-9637
ISBN	979-11-7224-815-4 03190 (종이책)		979-11-7224-816-1 05190 (전자책)

잘못된 책은 구입한 곳에서 교환해드립니다.
이 책은 저작권법에 따라 보호받는 저작물이므로 무단 전재와 복제를 금합니다.
이 책은 (주)북랩이 보유한 리코 장비로 인쇄되었습니다.

*이 저서는 2022년 대한민국 교육부와 한국연구재단의 지원을 받아 수행된 연구임(NRF-2022S1A5B5A1704637)

(주)북랩 성공출판의 파트너

북랩 홈페이지와 패밀리 사이트에서 다양한 출판 솔루션을 만나 보세요!

홈페이지 book.co.kr • 블로그 blog.naver.com/essaybook • 출판문의 text@book.co.kr

---

작가 연락처 문의 ▶ ask.book.co.kr

작가 연락처는 개인정보이므로 북랩에서 알려드릴 수 없습니다.

빛과 그림자 사이,
딥페이크의
길을 묻다

딥페이크 기술의 윤리적 이슈와 바람직한 발전 방향

정창록 지음

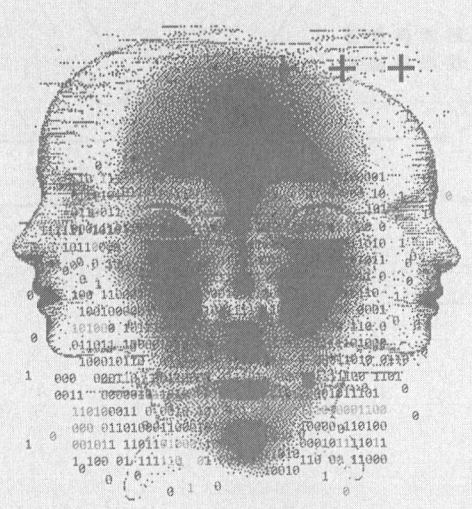

북랩

이 저서는 2022년 대한민국 교육부와 한국연구재단의 지원을 받아 수행된 연구임(NRF-2022S1A5B5A1704637)

서문

 이 저서는 2022년 대한민국 교육부와 한국연구재단의 지원을 받아 수행된 연구(NRF-2022S1A5B5A1704637)이다. 저자는 2021년 말부터 딥페이크 기술의 남용과 악용을 걱정하는 기사를 접하였다. 한국의 여자 아이돌이 성적 동영상에 딥페이크 기술을 악용하여 등장하고 있다는 내용이었다.
 다른 새로운 기술들도 딥페이크 기술처럼, 처음에는 좋은 의도에서 시작한다. 2차 세계 대전에서 얼굴에 총상을 입은 사람들을 치료하기 위해 시작된 안면재건술이 이후 성형외과기술로 발전하면서 사회적인 파장을 일으키기도 하였다. 한때는 성형미인은 자연미인에 비하여 열등하다는 인식과 거짓으로 자신을 포장한다는 사회적 인식도 있었지만, 현재는 스스로의 아름다움을 가꾸기 위해서 노력하는 사람이라는 생각을 하는 사람들도 있다. 하지만, 다른 사람들이 보기에는 좋은 모습이지만 자신이 보기에는 그렇지 않아서 건강을 해치면서까지 성형에 매달리는 사람들도 있다. 그래서 이러한 점에서는 우려를 낳기도 한다. 딥페이크 기술은 영화촬영을 할 때 위험할 수 있는 어려운 장면을 배우가 직접 촬영할 때 겪을 수 있는 위험에서 보호하고자 개발되었다고 한다. 그런데, 인터넷과 디지털 기술의 발전으로 그렇지 않은 곳에 더 많이 사용되고 있다.

이러한 문제 상황에서 딥페이크 기술에 대해 정리해 보고 여러 방향에서 분석해 보고자 연구계획서를 제출하였는데 2022년 연구재단에서 이를 승인하여 주었다. 연구를 기획할 때부터 '예비적 고찰'이라는 제목을 붙였다. 왜냐하면, 학문적 역량이 미치지 못하여 깊이 있는 분석에는 자신이 없었기 때문이다. 또, 이 주제와 관련한 기존 연구도 부족하였다. 그렇게 깊이없는 연구를 진행하였는데, 문제는 딥페이크 기술의 악용이 정말 예상했던 것보다 더 빠른 속도로 더 광범위하게 퍼졌다는 것이다. 사례를 통해 연구를 진행했는데 매번 업데이트를 하다가 2024년쯤 사례에 관한 마무리를 한 것 같다. 이 책의 철학적 개념을 통한 분석도 어떤 한 의견에 불과하다. 이 책을 계기로 딥페이크 기술에 대한 더 깊이 있는 철학적 접근들이 많이 이루어졌으면 한다. 딥페이크 기술을 위한 다른 제안들은 실제 행정적인 접근을 하는 학문 분야에서 국제적으로나 국내적으로 많은 시도들이 이루어지고 있다. 이러한 사항들을 종합하는 데 이 책이 실제적인 작은 도움이라도 주었으면 한다.

  이 책의 편집을 맡아준 김현아, 배진용, 김다빈, 김부경 님, 디자인을 맡아준 이현수, 김민하, 임진형, 안유경 님께 감사드린다. 그리고, 제작을 담당한 박기성, 구성우, 이창영, 배상진 님, 마케팅을 담당한 김회란, 손화연, 박진관 님께도 감사드린다. 북랩 출판사와 편집인 선일영 님께도 감사드린다. 앞으로 이 작은 책이 딥페이크 기술의 윤리적 이슈를 좋은 방향으로 나아가는 조그만 디딤돌이 되기를 희망한다.

서문　　　　　　5

Ⅰ. 인공지능 딥페이크(Deepfake) 기술에 대한 전반적 사항 탐색 및 검토　　　11

Ⅱ. 인공지능 딥페이크 기술의 빛　　　17
　1. 기존의 딥페이크 기술　　　19
　2. 인공지능을 활용한 딥페이크 기술　　　21
　3. 윤리적으로 바람직하게 활용된 사례　　　24

Ⅲ. 인공지능 딥페이크 기술의 그늘　　　31
　1. 초상권 침해　　　33
　2. 저작권 침해　　　35
　3. 사후 친족의 이미지 사용 문제　　　41
　4. 가짜 뉴스 양산으로 사회적 혼란 야기의 문제　　　47

IV. 인공지능 딥페이크 기술에 대한 몇몇 고찰 　　　　51

1. 플라톤의 에피스테메(Episteme)와 독사(Doxa)에 비추어 　　53
2. 칸트의 정언 명법(Categorical Imperative)과
   가언 명법(Hypothetical Imperative)에 비추어 　　64
3. 롤랑 바르트의 스투디움(studium)과 푼크툼(punctum)에 비추어 　74
4. 롤즈 정의론에서 상정해 본
   '악한 무지의 베일(Bad veil of ignorance)' 　　82

V. 인공지능 딥페이크 기술의
안전한 활용을 위한 몇몇 제안 　　　　87

1. 제도권 교육의 활용과 평생 교육을 제안 　　89
2. 타인의 초상권 및 저작권 침해 금지에 관한 규범의 정립과 제안 　93
3. 사후 친족의 이미지 사용 시 가이드라인 제안 　　95

VI. 기술의 사회적 파급에 대한 이익과
해악 평가위원회 설립 제안 　　　　99

참고문헌　　　105

I

인공지능 딥페이크(Deepfake) 기술에 대한 전반적 사항 탐색 및 검토

2024년은 어느 때보다 전 지구적으로 선거가 많은 해인데, 선거 기간 AI 딥페이크(Deepfake)가 쏟아지며 전 지구적으로 문제를 일으키고 있다. 그래서 인공지능(AI) 및 소셜 플랫폼 빅테크 6곳[세계 최대의 SNS 플랫폼 메타, 유튜브를 소유한 구글, 틱톡 등 소셜 플랫폼 기업은 물론 마이크로소프트(MS)와 오픈AI, 어도비 등 생성 AI 서비스 전문 기업]이 손을 잡았고, 공동으로 자체 대비안을 마련하여 딥페이크 등을 활용한 가짜뉴스에 효율적으로 대비하기 위한 AI 도구 사용 중단법을 마련하는 파트너십에 서명할 계획이라 한다.[1] 앞으로도 딥페이크 기술에 대한 사회

---

[1] AI타임즈, SNS·AI 빅테크 6곳, '딥페이크' 선거 공동 대응안 마련, 2024.2.14. '올해

적 규제는 계속될 듯하다. 인공지능 딥페이크 기술의 사회적 규제를 위해서, 이 기술이 가진 장점과 단점에 대한 검토가 필요하다. 또한 이 기술에 기존의 윤리철학적 입장을 적용한다면 어떠할지에 관한 고찰, 이 기술의 바람직한 발전 방향과 그 정당화에 대한 의견, 구체적으로 딥페이크 기술을 어떻게 적용할지에 관한 방안도 필요하다. 이 논문의 제목을 굳이 '예비적 고찰'이라고 정한 까닭은, 본 연구가 가진 한계 때문이다. 연구자는 기술적으로 딥페이크에 대해서 정통하지 못하여 인문학적으로나마 검토해 보겠다는 뜻에서 '예비적 고찰'이라 하였다. 그래서 이 논문은 인공지능 딥페이크 기술에 대한 전반적 사항을 탐색하고 검토한다. 그리고 딥페이크 기술의 윤리적 활용에 대한 사회적 전제를 탐구하고 기술 발달로 인한 진보와 사회적 이슈의 등장에 대해 논의하고 필요한 대안을 제시해 본다. 제

2024년 글로벌 선거를 앞두고 대책 마련에 고심인 인공지능(AI) 및 소셜 플랫폼 빅테크 6곳이 손을 잡았었다. 공동으로 자체 대비 안을 마련, 딥페이크나 가짜뉴스 등에 효율적으로 대비하겠다는 의도다. AP는 14일 최소 6개 주요 빅테크가 이번 주 선거를 방해하기 위한 AI 도구 사용 중단법을 마련하는 파트너십에 서명할 계획이라고 보도했다. 여기에는 세계 최대의 SNS 플랫폼 메타, 유튜브를 소유한 구글, 틱톡 등 소셜 플랫폼 기업은 물론 마이크로소프트(MS)와 오픈AI, 어도비 등 생성 AI 서비스 전문 기업이 포함됐다.'

2장 인공지능 딥페이크 기술의 빛에서는 점점 발전하고 있는 딥페이크 기술에 관해 간략히 정리하고, 인공지능을 활용한 딥페이크 기술의 사례와 윤리적으로 바람직하게 활용된 사례를 정리한다. 제3장에서는 인공지능 딥페이크 기술로 발생한 부정적인 이슈들을 정리하고 검토하고 있다. 초상권, 저작권 침해와 사후 친족의 이미지 사용 문제, 가짜 뉴스 양산으로 인한 사회적 혼란 야기의 문제를 다루었다. 제4장에서는 인공지능 딥페이크 기술에 몇몇 개념을 적용하여 보았다. 플라톤의 에피스테메(Episteme)와 독사(Doxa) 개념, 칸트의 정언 명법(Categorical Imperative))과 가언 명법(Hypothetical Imperative), 롤랑 바르트의 스투디움(studium)과 푼크툼(punctum) 개념에 딥페이크 기술을 비추어보았다. 롤즈 정의론의 입장에서 상정(想定)한 "악한 무지의 베일(Bad veil of ignorance)" 개념을 딥페이크 기술에 비추어 보았다. 제5장에서는 인공지능 딥페이크 기술 윤리의 사회적 적용 방안에 관하여 모색(제도권 교육 활용방안, 평생 교육제안, 타인의 초상권 및 저작권 침해 금지에 관한 규범의 정립의 필요성 역설, 사후 친족의 이미지 사용 시 가이드라인의 필요성 등)한다. 마지막으로, '인공지능 딥페이크 기술의 사회적 파장에 대한 이익과 해악에 관한 평가위원회' 설립을 제안한다.

II

인공지능 딥페이크(Deepfake) 기술의 빛

1. 기존의 딥페이크 기술

'딥페이크(Deepfake)'란, 인공지능 기술인 딥러닝(deep learning)과 '가짜'를 의미하는 단어인 페이크(fake)의 합성어다. 즉, 딥러닝으로 만든 진짜 같은 가짜 사진 이미지나 영상물을 뜻한다. 2017년 무렵에 '딥페이크'라는 단어가 등장하였다. 미국 온라인 커뮤니티 레딧(Reddit)에 기존 영상에 유명인의 얼굴을 합성한 가짜 콘텐츠가 게재된 것에서 시작되었다. 이후 온라인 커뮤니티와 SNS를 중심으로 급속히 확산된 딥페이크 콘텐츠는 최근 Deep Face Lab, Faceswap 등 오픈 소스 형태의 영상 합성 제작 프로그램이 배포되면서 더욱 성행하고 있다.[2] 딥페이크의 기반은

---

2 딥페이크(Deepfake) 기술의 빛과 그림자, 크린드리포트, 2019KIC Media Issue&Trend, 29면.

2014년에 등장한 머신러닝 기술인 '적대 관계 생성 신경망 (Generative Adversarial Networks, 이하 GAN)'이라고 한다. GAN은 AI 모델을 생성모델 1과 분류모델 2로 구분하며, 각 모델의 학습을 반복하는 과정을 거치게 되는데, 이러한 과정에서 생성모델과 분류모델은 서로를 적대적 경쟁자로 인식하며 상호 발전하게 된다. 이 과정을 통해 생성모델은 실제와 유사한 데이터를 생성할 수 있게 되고, 분류모델은 데이터의 진위 여부를 구별할 수 없게 되는 것이다. 또한, 이 과정이 반복되면서 원본 영상과의 구별이 거의 불가능할 정도로 정교한 합성 영상이 만들어진다.[3] 딥페이크 콘텐츠 분석업체 Deeptrace에 따르면, 딥페이크와 관련된 온라인 커뮤니티는 2019년 기준으로 20개, 이용자는 약 9만 5,000명에 달하였다.[4]

---

[3] 딥페이크(Deepfake) 기술의 빛과 그림자, 크린드리포트, 2019KIC Media Issue&Trend, 29면.

[4] 딥페이크(Deepfake) 기술의 빛과 그림자, 크린드리포트, 2019KIC Media Issue&Trend, 29면.

2.
인공지능을 활용한 딥페이크 기술

딥페이크 기술은 딥러닝으로 원본 이미지나 동영상 위에 새로운 이미지를 중첩시키거나 결합시켜 이용된다. 현재, 딥페이크는 영상 속의 얼굴 이미지를 바꾸는 데 주로 사용되고 있다. 기술적으로 영상에서 한 사람의 얼굴을 다른 사람으로 변환하는 과정은 '추출(extraction)'-'학습(learning)'-'병합(mergeing)'이라는 세 단계를 통해 이루어진다.[5] '추출(extraction)'은 영상 속의 얼굴 이미지를 학습하기 위한 자료를 확보하는 것이다. '학습(learning)'은 이

---

5 최순욱·오세욱·이소은 (2019). 딥페이크의 이미지 조작: 심층적 자동화에 따른 사실의 위기와 푼크툼의 생성. 〈미디어, 젠더 & 문화〉 34권 3호, 339-380면. 참조.

렇게 확보된 자료들을 기계가 습득하는 과정이다. '병합 (mergeing)'이란 이렇게 확보된 자료들을 기계가 익히는 과정이다. 이러한 세 단계 과정을 통해서 마지막으로 원본 얼굴 이미지에 다른 얼굴 이미지를 병합한다.

딥페이크 기술에 대한 규제는 기술의 발전 속도보다 느릴 수밖에 없다. 이러한 까닭으로, 딥페이크 기술을 또 다른 기술로 대응하는 전략이 여러 곳에서 진행되고 있다. 예를 들면, '추출(extraction)'-'학습(learning)'-'병합(mergeing)'의 세 단계 과정에서 나타나는 기술적 특성을 파악하여 조작 여부를 판단하기도 한다. 딥페이크가 원본과는 다른 이미지의 병합과정을 통해 이루어지기 때문에 인간의 눈으로는 파악하기 어렵지만, 기술적으로 조작의 흔적을 남기는 데 착안하였다. 대표적으로 비정상적 움직임 감지, 기존 이미지 기반 방식, 인공지능 기반 방식 등이 있다.[6] 딥페이크 기술은 고정된 이미지를 기반으로 사람의 얼굴을 학습하기 때문에 합성 영상에서는 눈 깜빡임 등과 같은 움직임을 적

---

6   박준·조영호 (2019). 딥페이크 영상 탐지 관련 기술 동향 연구. 한국정보과학회 학술발표논문집, 724-726면 참조.

용하기 어렵고 적용하더라도 어색하다. 이 점에 착안하여 영상 속 인물의 눈 깜박임 동작을 분석하여 딥페이크 조작 여부를 판단하기도 하였다.[7]

---

7 Li, Y., Chang, M. C., Farid, H., & Lyu, S. (2018). In ictu oculi: Exposing ai generated fake face videos by detecting eyeblinking. arXiv:1806.02877 [cs.CV] Retrieved from https://arxiv.org/abs/1806.02877 정상적인 사람의 경우 대략 6초 이내에 한 번은 눈 깜박임을 하게 되는데, 딥페이크로 합성한 영상에서는 눈 깜박임이 나타나지 않는다는 점을 파악한 것

3.
윤리적으로 바람직하게 활용된 사례

딥페이크 AI의 활용에서 예술과 엔터테인먼트 영역과 교육과 연구의 영역에서 윤리적으로 바람직하게 활용될 수 있다. 첫 번째, 예술과 엔터테인먼트 영역에서 영화, 드라마 등에서 특수 효과를 향상시키거나 고전적인 배우를 다시 살려내는 등의 용도로 사용될 수 있다.[8] 위험한 장면을 스턴트맨에게 시키지 않고 딥페이크 AI를 활용할 수 있다. 2019년 10월 개봉한 영화 '제미니 맨'의 제미니(Gemini)는 쌍둥이 같은 복제인간을 뜻한다. 이 영화의 주인공인

---

8 딥페이크AI의 활용과 윤리, 글로벌경제신문, 2023.8.7. 참고로 하여 작성. https://www.getnews.co.kr/news/articleView.html?idxno=636934 2024.1.30. 방문.

헨리(윌 스미스)는 자신과 완벽하게 닮은 의문의 요원에게 맹추격을 당하는데, 이 의문의 요원은 20대의 헨리(윌 스미스)이다. 영화의 헨리는 포토샵을 이용한 CG(Computer Graphics) 처리가 아닌 딥페이크 기술을 활용한 디지털 디에이징으로 재현해 낸 스미스의 젊은 시절 모습을 갖고 있다.[9] 영화 '분노의 질주 더 세븐'에서는 촬영 중 사망한 배우 '폴 워커'를 살려내어 영화를 완성하였고, 넷플릭스 영화 '아이리시맨'에서도 배우 '로버트 드니로'의 젊은 시절 모습을 그래픽으로 재현해 내어 영화의 재미를 더했다고 한다.[10] 한편, 딥페이크 기술을 활용하여 역사적 인물들의 초현실적인 초상화를 만드는 예술가도 등장하였다고 한다. 그는 인간의 눈에 진짜처럼 보이는 미켈란젤로의 다비드부터 나폴레옹, 빈센트 반 고흐, 자유의 여신상의 사진을 만들었다고 한다.[11] 그리고, 1934년 작고한 '방사능의 어머니' 퀴리와 1882년 세상을 떠난 진화론의 창시자 다윈이 인공지능

---

9 투이컨설팅, 딥페이(Deepfake), 나쁘기만 한 것은 아니다! 터틀맨, 김광석, 유관순, 나연이 등 딥페이크 기술의 착한 활용 사례, 2022.2.17.
10 IT조선, 블랙팬서 '채드윅 보스만', 차기작서 그래픽으로 부활하나, 2020.9.1.
11 하늘소 블로그. https://blog.naver.com/artlife/222030533654. 2024.1.31. 방문.

(AI) 기술로 부활했다고 한다.[12] 가족의 역사를 찾고 보존하는 온라인 족보 사이트 마이헤리티지(MyHeritage)는 AI가 동영상을 조작하는 딥페이크(deep fake) 기술인 '딥 노스탤지어'를 이용하여, 흑백 사진으로만 기억되던 역사적인 인물들을 살아 숨 쉬게 만들었다며 이들의 동영상을 2021년 2월 28일 블로그를 통해 공개했다고 한다. 딥 노스탤지어는 이스라엘 AI 기업인 D-ID가 개발한 딥페이크 엔진으로 사진 속 주인공이 자연스럽게 움직이도록 만드는데, 딥페이크는 딥러닝을 이용해 얼굴이 나온 동영상을 프레임 단위로 조작한다고 한다.[13] 2021년 3월 한국의 독립운동가들은 딥페이크 기술로 되살아났다.[14] 생생한 독립운동가들의 영상을 통해서 독립운동의 의미를 되살리는 계기가 되었다. 이와 같이 딥페이크 기술을 잘 활용한다면 예술 분야와 엔터테인먼트 영역에서 바람직하게 활용될 수

---

12 동아사이언스, '방사능의 어머니' 퀴리, 진화론의 다윈 딥페이크로 부활했다. 2021.3.2.
13 동아사이언스, '방사능의 어머니' 퀴리, 진화론의 다윈 딥페이크로 부활했다. 2021.3.2.
14 YTN, [뉴있저] 딥 페이크로 되살아난 '독립운동가들', 2021.3.3.

있다.

두 번째, 교육과 연구 영역에서 교육 분야의 사용자 정의 캐릭터를 만들거나, 언어학 연구 등에서 활용할 수 있다.[15] 2021년에 백제 여인을 마이헤리티지(MyHeritage)의 인공지능(AI) 서비스 '딥 노스텔지어'로 구현했다고 한다.[16] AD 6세기 당시 충남 부여 능안골 백제 여인의 모습을 딥페이크 기술로 재현하였다고 한다. 복원한 백제 귀족 여인은 실제 능안골 고분에 출토된 장신구들을 그대로 달았다. AI 기술 이전에는 주로 외관 중심의 디지털 휴먼을 제작했는데, 딥페이크 기술로 살아 움직이는 예전의 사람들을 볼 수 있게 되었다. 앞으로는 딥페이크 기술을 활용하여 현대인과 서로 대화를 나눌 수 있는 인터렉티브형 백제인 디지털 휴먼도 만들 수 있을 것이라 한다.[17] 한편, 딥페이크는 실제 산업 현장에서도 널리 활용되고 있는데, 영국 축구선수 출신인 데이비드 베컴(David Beckham)은 말라리아 퇴

---

15 딥페이크AI의 활용과 윤리, 글로벌경제신문, 2023.8.7. 참고로 하여 작성. https://www.getnews.co.kr/news/articleView.html?idxno=636934 2024.1.30. 방문.
16 AI타임스, "AI메타버스 타임머신 타고 역사 속 인물 만난다"(下), 2021.3.23.
17 AI타임스, "AI메타버스 타임머신 타고 역사 속 인물 만난다"(下), 2021.3.23.

치 캠페인 홍보 영상에서 중국어, 힌디어, 아랍어 등 9개 언어를 구사하며 내용을 전달하였다. 해당 영상 기술을 지원한 기업 신세시아(Synthesia)는 딥페이크 기반의 더빙 기술을 활용하여 베컴(Beckham)의 언어를 구현했다.[18]

세번째, 범죄 피해자 보호에 활용할 수 있다. 2021년 2월 27일, "SBS 그것이 알고 싶다"에서 딥페이크 범죄 피해자의 모습을 모자이크가 아닌 딥페이크 기술을 활용하여 방영하였다. 2명의 피해자의 동의를 얻어 버추얼 휴먼(가상 인간) '루이 리'를 만들었다. '루이 리'의 얼굴은 디오비 스튜디오에서 딥페이크 기술을 활용하여 만들어 현실에는 존재하지 않는다. 이러한 방식으로 딥페이크 범죄를 당한 두 피해자를 딥페이크를 통해 신상을 알 수 없도록 보호했다. 기존에는 범죄피해자의 표정과 얼굴을 모자이크 방식을 사용하여 가렸으나, 딥페이크 기술을 활용하여 익명성을 보장하면서도 시청자에게 이들의 감정을 생생하게 전달할 수 있었다고 한다. 딥페이크 피해를 딥페이크를 통해 알리는

---

[18] 딥페이크(Deepfake) 기술의 빛과 그림자, 크린드리포트, 2019KIC Media Issue&Trend, 29면.

역발상이 통했던 사례라 할 수 있다.[19]

　네 번째, 딥페이크 기술의 이미지 패턴 매칭을 통해 질병 예방에 활용할 수 있다.[20] 이미지 패턴 매칭 기술은 다양한 종류의 암 진단도 가능하게 하는데, 2019년 7월 독일 뤼벡대(University of Lübeck) 의료정보학연구소에서는 CT, MRI, X선 이미지를 분석해 다양한 암의 징후와 이상 신호 탐지 모델을 개발했다고 한다. 딥페이크 기술 GAN을 이용하여 원본 영상과 진위 여부를 구별할 수 없을 정도로 정확한 딥페이크 의료영상을 만들어 인공지능이 질병을 정확하게 진단할 수 있는데 사용하고 있다고 한다. 딥페이크 기술 이전에는 환자의 민감 데이터가 턱없이 부족했고 의료용 3D 이미지 합성에도 비용이 많이 들었다. 그러나 딥페이크 의료 영상으로 환자의 정보 유출을 막을 수 있고, 인공지능이 충분히 학습할 수 있는 데이터를 생성할 수 있게 되었다고 한다.[21]

19　투이컨설팅, 딥페이(Deepfake), 나쁘기만 한 것은 아니다! 터틀맨, 김광석, 유관순, 나연이 등 딥페이크 기술의 착한 활용 사례, 2022.2.17. 참조.
20　투이컨설팅, 딥페이(Deepfake), 나쁘기만 한 것은 아니다! 터틀맨, 김광석, 유관순, 나연이 등 딥페이크 기술의 착한 활용 사례, 2022.2.17. 참조.
21　투이컨설팅, 딥페이(Deepfake), 나쁘기만 한 것은 아니다! 터틀맨, 김광석, 유관순, 나연이 등 딥페이크 기술의 착한 활용 사례, 2022.2.17. 참조.

III

인공지능 딥페이크 기술의 그늘

1.
초상권 침해

딥페이크 기술을 활용한 음란물에 큰 관심이 집중되고 있다. 또한 이는 우리에게 큰 위협이 되고 있다(Wang & Kim, 2022).[22] 연예인을 대상으로 한 허위 영상물의 제작과 유포가 딥페이크 기술 디지털 성범죄의 대부분이었다. 그러나 연예인이나 유명인이 아닌 가까운 사람의 사진이나 영상을 다른 사람의 나체나 성관계 사진이나 영상과 합성하여 제작하거나 유포하는 '지인 능욕'이 이루어지기

---

22 신성원, 딥페이크(Deepfake) 기술을 활용한 디지털 성범죄에 관한 연구, 한국치안행정논집 제20권 제4호(통권 제67호), 150면.

도 한다.[23] 2023년 TBC 뉴스는 한 20대 여성의 극단적 선택을 보도하였다. 왜냐하면, 피해자는 SNS를 도용당하여, 피해자의 사진으로 만들어진 딥페이크 음란 사진과 동영상과 선정적인 게시글로 큰 충격을 받아 경찰에 신고하였는데, 경찰의 후속 조치가 없었기 때문이라고 한다(TBC, 2023.10.30.).[24] 딥페이크 디지털 성 범죄는 다른 성 범죄나 디지털 성 범죄와 마찬가지로 한 사람의 사회적 생명에 큰 타격을 입힌다. 즉, 한 사람의 영혼을 죽일 수 있는 '영혼의 살인'이라 할 수 있다. 그리고 모든 사이버 범죄가 한 인격의 사회적 생명에 피해를 주듯이, 그 피해는 인터넷상에서 더 넓게, 더 오래 지속될 수 있기 때문에, 피해자의 피해에 대한 회복이 매우 어려울 수 있다.[25]

---

[23] 신성원, 딥페이크(Deepfake) 기술을 활용한 디지털 성범죄에 관한 연구, 한국치안행정논집 제20권 제4호(통권 제67호), 150면.

[24] 신성원, 딥페이크(Deepfake) 기술을 활용한 디지털 성범죄에 관한 연구, 한국치안행정논집 제20권 제4호(통권 제67호), 150면. 참조.

[25] 신성원, 딥페이크(Deepfake) 기술을 활용한 디지털 성범죄에 관한 연구, 한국치안행정논집 제20권 제4호(통권 제67호), 150면. 참조.

2. 저작권 침해

딥페이크 기술은 이미지를 중요하게 여기는 연예인이나 정치인 등의 특정 신체 부위를 합성하는 용도로 사용되기도 한다. 딥페이크 영상은 어떤 원본 영상과 오픈 소스 소프트웨어로 만들 수 있다. 그런데, 딥페이크 저작자들이 영상을 무단으로 사용한다면 저작권 침해가 일어날 수 있다.[26] 대중이 많이 이용하는 유튜브와 인스타그램(SNS) 상에는 딥페이크 기술을 이용하여 영상 콘텐츠를 제작하기도 하는데, 영화나 방송 영상을 이용한 저작권 침해 유형

---

26 김찬솔, 신규 저작권 침해 유형 및 이슈-딥 페이크과 저작권 침해, 한국저작권보호원 이슈보고서, 2021.5. 2면. 참조

이 있다.[27]

가. 딥페이크 저작권 침해 사례

1) 영화 영상 이용

영화 〈아이언맨〉의 배우 '로버트 다우니 주니어'는 금 티타늄 합금으로 된 붉은색 슈트를 입고 아이언맨으로 변신한다. 아래 화면[28]은 영화 속 주인공이 아이언맨으로 변하는 장면의 영상을 일부 이용하여 딥페이크 기술을 통해 게시자의 얼굴을 입혀 영상을 위변조한 경우다.[29]

---

27 김찬솔, 신규 저작권 침해 유형 및 이슈-딥 페이크과 저작권 침해, 한국저작권보호원 이슈보고서, 2021.5. 참조하여 발췌요약.
28 김찬솔, 신규 저작권 침해 유형 및 이슈-딥 페이크과 저작권 침해, 한국저작권보호원 이슈보고서, 2021.5. 2면.
29 김찬솔, 신규 저작권 침해 유형 및 이슈-딥 페이크과 저작권 침해, 한국저작권보호원 이슈보고서, 2021.5. 2면. 참조

2) 방송 영상 이용

한국의 방송사 JTBC에서 방연 중인 예능 프로그램 <아는 형님>에 출연한 배우 '김희선'의 얼굴을 딥페이크 기술을 이용해 배우 '김태희'가 해당 프로그램에 직접 출연한 것처럼 영상을 위변조한 사례가 있다. 만약 이 방송을 시청하지 않은 사람이 이 영상을 본다면, 마치 배우 김태희가 예능 프로그램에 출연한 것으로 오해할 정도다.[30]

3) 뮤직비디오 영상 이용

가수 '아이유'가 부른 <에잇>의 뮤직비디오 영상에 딥페이크 앱을 이용하여 얼굴을 위변조한 후 SNS인 인스타그램에 영상을 게시한 사례가 있다.[31] 앞서 제시한 딥페이크 앱을 이용하면 누구나 쉽게 앱을 통해 앱이 제공하는 영상

---

30 김찬솔, 신규 저작권 침해 유형 및 이슈-딥 페이크과 저작권 침해, 한국저작권보호원 이슈보고서, 2021.5. 2면. 참조
31 김찬솔, 신규 저작권 침해 유형 및 이슈-딥 페이크과 저작권 침해, 한국저작권보호원 이슈보고서, 2021.5. 3면. 참조

에 사용자의 얼굴을 입혀 영상을 제작할 수 있다.[32] 딥페이크로 한국 가수 아이유의 얼굴을 합성하여 중국판 '차이유'라는 영상이 중국에서 앱으로 만들어졌다. 이 영상은 위변조로 드러나 화제가 되었다.[33]

4) 광고 영상 이용

배우 '조정석'이 출연한 광고 '야! 너도 할 수 있어'라는 유행어로 유명한 영어 학습 사이트가 있다. 이 광고 영상을 딥페이크를 이용하여 얼굴을 위변조한 후 유튜브에 게시한 사례가 있다.[34]

---

32 'REFACE: 페이스 스왑, 얼굴 합치기'라는 앱으로 사용자가 자신의 얼굴을 촬영 후 이를 앱이 제공하는 영상, 사진 등의 콘텐츠에 합성하는 방식. 김찬솔, 신규 저작권 침해 유형 및 이슈-딥 페이크과 저작권 침해, 한국저작권보호원 이슈보고서, 2021.5. 3면.
33 김찬솔, 신규 저작권 침해 유형 및 이슈-딥 페이크과 저작권 침해, 한국저작권보호원 이슈보고서, 2021.5. 3면. 참조
34 김찬솔, 신규 저작권 침해 유형 및 이슈-딥 페이크과 저작권 침해, 한국저작권보호원 이슈보고서, 2021.5. 4면. 참조

나. 딥페이크 저작권 침해 사례[35]

2021년 5월 한국저작권보호원에서 발간된 이슈보고서 "신규 저작권 침해 유형 및 이슈-딥 페이크와 저작권 침해"에서 김찬솔은, 유튜브와 인스타그램을 모니터링하여 유튜브는 방송 63건, 영화 16건, 광고 7건, 뮤직비디오 2건으로 총 88건의 사례를 확인하였다고 한다.[36] 또한 이 보고서에 의하면, 인스타그램의 경우에는 해시태그 #딥페이크로 검색 결과 방송 15건, 영화 11건, 뮤직비디오 8건으로 총 34건의 사례가 확인되었다.[37] 저작물은 저작권법[38] 제13조에

---

35 김찬솔, 신규 저작권 침해 유형 및 이슈-딥 페이크과 저작권 침해, 한국저작권보호원 이슈보고서, 2021.5. 4-5면. 참조. 일부 발췌요약.

36 김찬솔, 신규 저작권 침해 유형 및 이슈-딥 페이크과 저작권 침해, 한국저작권보호원 이슈보고서, 2021.5. 4-5면. 참조. 일부 발췌요약.

37 김찬솔, 신규 저작권 침해 유형 및 이슈-딥 페이크과 저작권 침해, 한국저작권보호원 이슈보고서, 2021.5. 4-5면. 참조. 일부 발췌요약.

38 저작권법 제13조(동일성유지권) ① 저작자는 그의 저작물의 내용·형식 및 제호의 동일성을 유지할 권리를 가진다. ② 저작자는 다음 각 호의 어느 하나에 해당하는 변경에 대하여는 이의(異議)할 수 없다. 다만, 본질적인 내용의 변경은 그러하지 아니하다. 1. 제25조의 규정에 따라 저작물을 이용하는 경우에 학교교육 목적상 부득이하다고 인정되는 범위 안에서의 표현의 변경, 2. 건축물의 증축·개축 그 밖의 변형, 3. 특정한 컴퓨터 외에는 이용할 수 없는 프로그램을 다른 컴퓨터에 이용할 수 있도록 하기 위하여 필요한 범위에서의 변경, 4. 프로그램을 특정한 컴퓨터에 보다 효과적으로 이용할 수 있도록 하기 위하여 필요한 범위에서의 변경, 5. 그 밖에 저작물의 성질이나 그 이용의 목적 및 형태 등에 비추어 부득이하다고 인정되는 범위 안에서의 변경

의해 '동일성유지권'을 보장받는다. 동일성 유지권이란 저작자가 그 저작물의 내용·형식 및 제호의 동일성을 유지할 권리를 뜻한다.

3.
사후 친족의
이미지 사용 문제

영화 <블랙팬서>에서 트찰라왕을 연기했던 배우 '채드윅 보스만'이 대장암으로 43세의 안타까운 나이에 사망했기 때문에 2022년 영화 '블랙팬서 2'의 2022년 공개 여부가 불투명해졌다. 마블 영화팬은 물론 영화업계는 장기적인 관점에서 보스만을 대신할 새로운 블랙팬서 배우 선정이 불가피할 것이라는 시각이지만, 영화 특수효과(VFX) 업계 관계자들은 발전된 그래픽 기술로 채드윅 보스만이 연기하는 블랙팬서를 되살려 놓을 수 있다는 의견을 개진했었다. 당시 영화업계 한 관계자는 "블랙팬서 채드윅 보스만에 대한 마블 팬들의 그리움이 큰 상황에서 섣불리 다른 배우를

내세우기 어려울 것으로 보인다. 영화를 빠르게 준비해야 하는 상황에서 그래픽으로 되살리는 것도 대안이 될 수 있다"라고 말했다. 하지만, 2022년 11월 3일 미국 매체 롤링스톤에 따르면 2편은 오프닝부터 보스만이 연기한 아프리카 기술 강국 '와칸다' 국왕이자 블랙팬서 '티찰라'의 죽음을 그리며 시작한다.[39]

딥페이크 기술을 활용하여 새로운 추모방식이 등장하였다. 온라인 가계도 서비스를 제공하는 마이헤리티지(MyHeritage)에서는 고인이 된 가족이나 순국열사를 딥러닝 전문 기업 디아이디(D-ID)의 딥노스텔지아(Deep Nostalgia) 서비스를 통해서 새로운 방식으로 추모할 수 있다고 한다.[40] 생전의 모습이 담긴 사진이나 그림 등을 마이헤리티지 플랫폼에 업로드하면, 플랫폼 내에서 화질을 개선한 후에 사진이나 그림을 잘게 분할하고, 분할된 각 조각에 맞는 각도와 표정을 원본에 덮어 씌운다. 여기에 동영

---

39 중앙일보, 대장암에서 떠난 주연 보스만⋯원조 사라진 '블랙팬서' 속편은, 2022.11.9.
40 투이컨설팅, 딥페이(Deepfake), 나쁘기만 한 것은 아니다! 터틀맨, 김광석, 유관순, 나연이 등 딥페이크 기술의 착한 활용 사례, 2022.2.17. 참조.

상 프레임 단위로 자르고 합성하여 자연스럽고 생동감 있는 형태로 고인의 모습을 제공해 준다. 딥페이크 기술을 이용한 딥노스텔지아 서비스는 고인이 된 가족이나 순국열사나 위인의 자연스러운 표정과 입체적인 모습을 전한다.[41] 여기에 VR/AR, 음성 복원 등의 기술을 더하면 큰 감동을 줄 수도 있다. 딥페이크와 음성 복원 기술을 접목하여 고인이 된 가수 김현식, 가수 김광석, 가수 터틀맨(임성훈) 등 그리운 이들의 목소리를 들을 수도 있다. 터틀맨 임성훈은 2008년 심근경색으로 세상을 떠났는데, 살아생전 영상 자료를 기반으로 목소리를 복원하고 페이스 에디팅 기술로 얼굴을 재현했다. 다시는 만날 수 없을 것만 같던 이들과의 만남을 기술의 발전으로 이루어 많은 사람들이 놀랐다고 한다.[42] 또한 1996년 전설이 된 가수 (故) 김광석의 생전 목소리를 2002년 출시된 노래로 들을 수도 있게 되었다고 한다. 오디오 전문 AI 업체 수퍼톤에서 음성 복원을 하여

---

41 투이컨설팅, 딥페이(Deepfake), 나쁘기만 한 것은 아니다! 터틀맨, 김광석, 유관순, 나연이 등 딥페이크 기술의 착한 활용 사례, 2022.2.17. 참조.

42 투이컨설팅, 딥페이(Deepfake), 나쁘기만 한 것은 아니다! 터틀맨, 김광석, 유관순, 나연이 등 딥페이크 기술의 착한 활용 사례, 2022.2.17. 참조.

TTS(Text-To-Speech) 기술에 악보 정보를 함께 입력하여 모창 AI를 개발했다. 모창 AI를 충분히 훈련시킨 후 김광석의 목소리 데이터를 적용하여 (故) 김광석이 한 번도 부른 적이 없는 2002년 신곡을 그의 음성으로 노래하게 하였다고 한다.[43] 이러한 기술을 세상을 떠난 가족을 만나는 데 활용하기도 한다. MBC 다큐멘터리 '너를 만났다'에서 7세에 세상을 떠난 딸 나연이를 가상현실에서 만난 엄마의 사연이 방송되었다. 딸의 목소리나 말투, 몸짓 등을 기존 사진이나 영상으로 분석하고, 모션 캡쳐, 3D 등의 기술을 통해 가상세계 속에서 나연이의 모습을 실제와 가깝게 만들었는데, 어머니는 VR 장비를 착용하고 가상세계 속에서 딸을 만나게 되었다. 나연이 엄마는 다시 한번 딸을 만나고 싶다는 간절한 소망이 이루어 감격했고, 딸과 가상현실에서 짧지만 소중한 시간을 보냈다고 한다.[44]

2022. 6. 23. 아마존(Amazon)은 라스베이거스에서 열

---

43 투이컨설팅, 딥페이(Deepfake), 나쁘기만 한 것은 아니다! 터틀맨, 김광석, 유관순, 나연이 등 딥페이크 기술의 착한 활용 사례, 2022.2.17. 참조.
44 투이컨설팅, 딥페이(Deepfake), 나쁘기만 한 것은 아니다! 터틀맨, 김광석, 유관순, 나연이 등 딥페이크 기술의 착한 활용 사례, 2022.2.17.

린 '리마스(re:MARS) 컨퍼런스'에서 알렉사(Alexa)의 새로운 기능을 공개했다. 바로 인공지능 기술을 이용하여 고인(故人)의 목소리를 되살리는 것이었다. 이날 아마존 수석부사장 로히트 파라사드(Robit Prasad)는 "1분 미만의 음성 샘플만 있으면 알렉사는 특정인의 목소리를 그대로 재현할 수 있으며, 이는 보다 인간적인 인공지능, 즉 인간과 유사한 연민과 애정(Human-like empathy and affecion)을 가진 인공지능을 구현하기 위함에 있다"고 주장했다. "인공지능이 가족을 잃은 고통을 없애주지는 못하지만, 고인이 된 가족을 영원히 기억토록 할 수는 있다"는 것이다.

2017년 마이크로소프트(Microsoft)는 고인과 가상으로 이야기를 나눌 수 있는 대화형 챗봇(chatbot) 기술을 특허 등록했었다고 한다.[45] 우리나라도 1장의 사진과 30초의 음성 데이터만으로 얼굴과 목소리를 복원할 수 있는 기술을 2021년에 공개하였다. 또한, 국내 모 스타트업은 가족이 생전에 전용 스튜디오에서 영상과 음성을 녹음하고 인터뷰

---

[45] 이해원, '디지털 불멸'(digital immortality)의 법적 문제, KISO JOURNAL, 2022.9.7.

를 하면 인공지능이 이를 학습하여 가족이 사망한 후에 가상 인간으로 제작해주는 '리메모리'(re-memory) 서비스를 출시하기도 했다고 한다.[46] 누구라도 사이버 공간상에 0과 1로 구성된 비트(bit)들의 집합으로서는 영원히 존재할 수 있는 시대, 즉 '디지털 불멸'(digital immortality)의 시대가 도래한 것이다.[47] 이해원은 이러한 흐름을 불가역적(不可逆的)으로 전망한다. 동시에 이해원은 이러한 흐름에 대하여, "기술적으로 '가능'한 것과 사회적으로 '용인'되는 것은 결이 다른 문제"라는 입장을 밝힌다. 특히 삶과 죽음과 같은 윤리적 문제를 다루는 기술인 경우에는 '기술적 가능성(feasibility)'이 아니라 '사회적 수용가능성(acceptability)'이 핵심 쟁점이 되어야 한다는 것이다.[48] 딥페이크 기술에 의해서 가능하게 된 사후 친족의 이미지 사용 문제에 관해서는 앞으로 좀 더 다방면의 연구가 필요하다 하겠다.

---

[46] 이해원, '디지털 불멸'(digital immortality)의 법적 문제, KISO JOURNAL, 2022.9.7.
[47] 이해원, '디지털 불멸'(digital immortality)의 법적 문제, KISO JOURNAL, 2022.9.7.
[48] 이해원, '디지털 불멸'(digital immortality)의 법적 문제, KISO JOURNAL, 2022.9.7.

4.
가짜 뉴스 양산으로
사회적 혼란 야기의 문제

2023년 3월 조선일보는 도널드 트럼프 전 미국 대통령이 수갑을 차고 연행되는 모습의 '가짜 사진'이 유포되고 있는 사실을 보도했다.[49] 2023년 3월 21일(현지시각) AP통신에 따르면 이날 트위터 등 소셜미디어에는 "트럼프가 맨해튼에서 체포됐다"는 설명과 함께 관련 사진이 확산했었다. 트럼프 전 대통령이 도망가는 듯한 장면, 수갑을 찬 채 경찰관들에게 둘러싸여 끌려가는 모습, 교도소에서 주황색 재소자 복장을 입고 청소하는 모습 등 다양하다. 2023년

---

[49] 조선일보, "수갑 차겠다"던 트럼프, 벌써 주황색 죄수복을?온라인 퍼진 사진정체는, 2023.3.23.

5월 22일에 미국 국방부(펜타곤) 옆 건물이 불타고 있는 사진이 인터넷상에서 급속도로 퍼졌다.[50] 이로 인하여, 미국 S&P500 지수가 0.3%가량 급락했는데, 이후 미국 국방부가 "조작된 사진"이라고 공식 확인하면서 사태는 일단락됐다고 한다. 2023년 10월 31일 조 바이든 미국 대통령은 AI 규제 등의 내용을 담은 행정명령에 서명하기 전 연설에서 "나도 내 딥페이크를 본 적이 있는데 나는 '내가 도대체 언제 저렇게 발언했지'라고 (스스로) 말하기도 했다"고 놀랐다고 말했다.[51] 또한, 2023년 11월 초 기시다 일본 총리가 뉴스 프로그램에 출연해 외설적인 발언을 하는 동영상이 SNS를 통해 순식간에 퍼졌다고 한다.[52] 해당 영상은 2023년 여름 인터넷 동영상 채널인 '니코니코' 등에 3분 43초 분량으로 게시됐는데 최근 이를 30초 분량으로 줄인 편집본이 SNS를 통해 확산하고 있다고 한다.[53] 일본 민영 방송인

---

50 CBS노컷뉴스, "보고도 속는다"AI가짜뉴스 범람…딥페이크 전쟁, 2023.11.12.
51 CBS노컷뉴스, "보고도 속는다"AI가짜뉴스 범람…딥페이크 전쟁, 2023.11.12.
52 CBS노컷뉴스, "보고도 속는다"AI가짜뉴스 범람…딥페이크 전쟁, 2023.11.12.
53 서울경제, '외설적 발언'하는 기시다?'하루 새 232만뷰' 찍은 영상의 정체, 2023. 11. 5. https://www.sedaily.com/NewsView/29X49O80LL

니혼테레비(닛테레) 뉴스 프로그램 로고와 'LIVE'(생중계), 'BREAKING NEWS'(뉴스 속보) 표시도 있다. 그러나 이 영상은 오사카에 사는 20대 남성이 생성형 AI를 이용해 1시간 만에 만든 것[54]이라고 밝혀졌다. 일본 정부는 "민주주의 기반을 훼손하는 일"이라며 공유 및 확산 자제를 요청했다고 한다.[55]

---

[54] "해당 가짜 동영상은 오사카에 거주하는 20대 남성이 제작했다. A씨(25)는 요미우리신문에 "인터넷에 공개된 기시다 총리의 기자회견과 자민당 대회 연설 등 동영상에 있는 총리의 음성을 AI에 학습시켜 가짜 음성을 준비했다"며 "재미로 만들었다"고 말했다" 서울경제, '외설적 발언'하는 기시다?'하루 새 232만뷰' 찍은 영상의 정체, 2023. 11. 5. https://www.sedaily.com/NewsView/29X49O80LL

[55] CBS노컷뉴스, "보고도 속는다"AI가짜뉴스 범람…딥페이크 전쟁, 2023.11.12.

Ⅳ

인공지능 딥페이크 기술에 대한 몇몇 고찰

1.
플라톤의 '에피스테메(epistēmē)'와 '독사(doxa)'에 비추어

가. 플라톤의 '에피스테메(epistēmē)'와 '독사(doxa)'

플라톤은 『고르기아스』편에서 '수사학(rhētorikē, 말로 설득하는 능력이나 기술)' 개념을 처음 사용하였다. 수사학은 발화자의 의도에 따라, 청중이 작은 것은 크게, 큰 것은 작게 받아들이도록 하는 말의 기술이다. 따라서, 수사학을 사용하는 사람이 나쁜 의도를 가진다면, 사람을 속일 수도 있다.[56]

---

56 김헌, 이소크라테스의 철학과 파이데이아에서의 '의견(doxa)', 한국서양고전학회, 서양고전학연구(50), 2013. 76면 참조.

플라톤은 인간의 인식을 (1) 앎(gnōsis), 곧 지식(epistēmē), (2) 모름(agnōsis), (3) 의견(doxa)으로 구분한다. 플라톤은 세 종류의 인식이 각각 존재론의 관점에서 구분되는 세 가지 항목들과 짝을 이룬다고 본다[『국가』 5권 476b-480a.]. 첫 번째 인식인 '에피스테메(epistēmē)'의 대상은 언제나 "있는 것(to on)"이다. 에피스테메의 대상은 언제나 존재하지만 다른 존재와 섞이지 않는다. 즉, 에피스테메의 대상은 그 자체로 "순수하게 있는 것(to eilikrinōs on)"이고, "완벽하게 있는 것(to pantelōs on)"이다. 에피스테메의 대상은 항상 그 속성을 가지고 있고 변하지 않고 언제나 그 속성 그대로다. 존재와 속성의 측면에서 "생성을 갖지 않는 것", 즉 생성 소멸과 변화를 겪지 않는 것이다[『티마이오스』 27d.]. 에피스테메의 대상은 존재의 '참모습'이다. 따라서, 존재의 속성을 그대로 드러낸다. 플라톤은 에피스테메의 대상을 참된 '형상(形相)'이라거나 '이데아(Idea)'라거나 '에이도스(Eidos)'라고 하였다. 첫 번째 인식과 상반된 두 번째 인식 "모름"은 도무지 "있지 않은 것(to mē on)"과 연관된다. "그 어떤 방식으로도 있지 않은 것(to mēdamē on)"이며, 전혀 "없는 것"

이다. 두 번째 인식 대상은 어떤 특성도 가지고 "있지 않은 것"이다. 우리가 뭘 안다는 것이 불가능하며, 우리는 완벽하게 모른다. 세 번째 인식 '독사(doxa, 의견)'[57]는 제대로 알지 못하나 아무것도 모르는 것은 아닌 상태에서 이루어진다. 그래서 어떤 사람이 '독사(doxa)'를 가지면 좋다거나 옳다는 판단을 내린다. 그러나, 그 사실을 설명하거나 증명할 수 있는 자료는 부족하다. 따라서, '독사(doxa)'를 가진 사람의 판단은 그 사람에게 동의하거나 동조하는 사람에게만 유효하다.[58] 어떤 사람의 시비(是非)와 선호(選好)를 가르는 '독사(doxa)'는 어떤 때는 존재하다가 어떤 때는 존재하지 않는다. 시간의 흐름과 함께 생성하거나 소멸한다. 또, '독사(doxa)'는 때와 조건에 의해 '있으면서 있지 않기도 한 것'이다. 한편, '독사(doxa)'는 '이기도 하고 또 이지 않기도 한 것'이다. '독사(doxa)'의 대상은 '앎'과 '모름', '있음'과 '없음',

---

57 특정한 개인에게는 분명히 그렇게 '보인다(dokein)'. "나에게 보이는 바(to moi dokoun; hōs moi dokein)"가 곧 "나의 의견(emē doxa)"이다. 김헌, 이소크라테스의 철학과 파이데이아에서의 '의견(doxa)', 한국서양고전학회, 서양고전학연구(50), 2013. 77면

58 김헌, 이소크라테스의 철학과 파이데이아에서의 '의견(doxa)', 한국서양고전학회, 서양고전학연구(50), 2013. 77면 참조.

'임'과 '이지 않음'의 사이에 있다. '독사(doxa)'의 대상은 항상 변화를 수반하는 물질의 요건을 갖추고 있기 때문에 있음과 있지 않음, 임과 이지 않음 사이를 오가는 생성과 소멸과 변화를 겪는다. 플라톤은 이러한 '독사(doxa)'의 대상을 '현상(現象, phainomena, phantasma)'이라고 불렀다.[59]

플라톤은 '독사(doxa)'를 철학의 영역에서 배제하려고 하였다. 그럼에도 불구하고, 플라톤은 "참된 의견(alēthēs doxa)"은 일시적으로는 가능하다고 보았다. 플라톤의 분류에 따르면, '현상(現象, phainomena, phantasma)'에 속한 '독사(doxa)'도 참될 수 있을까? 그는 일시적으로 가능하다고 보았다. 참된 '독사(doxa)'도 '실천적 지혜(phrnēsis)'와 함께 우리를 올바른 길로 인도할 수 있는 '덕(aretē)'의 측면을 갖는다. 즉 플라톤 철학의 최종 지향점은 아니지만, '참된 의견(alēthēs doxa)'도 우리를 올바른 행위를 인도할 수 있다. "참된 의견(alēthēs doxa)"이 플라톤에게는 철학의 최종 지향점이 아니지만, 플라톤은 "참된 의견(alēthēs doxa)"들도

---

59 김헌, 이소크라테스의 철학과 파이데이아에서의 '의견(doxa)', 한국서양고전학회, 서양고전학연구(50), 2013. 78면 참조.

머물러 있는 동안에는 아름다울 수 있고 좋은 결과를 가져올 수도 있다고 여겼다. 그러나, 플라톤은 일시적으로 '참된(alēthēs)' '독사(doxa)'는 곧 그렇지 않은 방향으로 나아가려는 경향으로 궁극적인 가치는 가지기 어렵다고 보았다.[60]

나. '에피스테메(epistēmē)', '독사(doxa)', '딥페이크'

미셸 푸코의 『지식의 고고학』에서 인간 역사를 고고학적으로 접근하여, 연속적 역사와 절대 불변의 진리(Idea)가 있음을 강조한 플라톤의 논의에 의문을 제기하였다. 플라톤은 동굴의 비유를 통해, 동굴 안은 감각으로 경험하는 가시계(可視界)인 현실 세계이고, 가시계(可視界)에 대한 인식을 '독사(doxa)'로 보았다. 이에 반하여, 동굴 밖은 이데아의 세계 곧 이성으로 인식하고 사물을 있는 그대로 볼 수 있

---

60 김헌, 이소크라테스의 철학과 파이데이아에서의 '의견(doxa)', 한국서양고전학회, 서양고전학연구(50), 2013. 85면 참조.

는 세계인 가지계(可知界)인데, 이 세계에 대한 인식을 '에피스테메(epistēmē)'라고 하였다. 이러한 플라톤의 인식론적 주장에 대하여 푸코는 고고학적으로 각 시대별 '에피스테메(epistēmē)'는 다르다고 주장하였다. 예를 들어, 어떤 고고학자가 지층을 깊이 파 내려가면서 철제농기구나 비파형 청동검, 빗살무늬 토기를 발견한다면, 그는 그 유물이 나온 지층을 철기시대, 청동기시대, 신석기 시대의 유적지로 판단하게 될 것이며, 시대별 유물이 같지도 연속적이지도 않음을 알게 된다는 것이다. 푸코는 지식도 통시적 역사적 지식과 동시대를 관통하는 지식도 모두 다를 수 있다고 보았다.[61] 이러한 푸코의 비판에 대하여 플라톤은 자신이 구분한 인식의 종류를 제대로 알지 못하였기 때문이라 할 수 있다. 즉, 푸코는 플라톤의 '이데아(Idea)' 또는 '에이도스(Eidos)'를 '현상(現象, phainomena, phantasma)'으로 여기고 있다.

여기서, 플라톤의 이론에 대한 푸코의 비판이 적절한지

---

61 김순아, [인문학 칼럼]당신의 에피스테메는 무엇인가?, 양산신문, 2021.9.2. https://www.yangsanilbo.com/news/articleView.html?idxno=82413. 2024.1.29.방문.

를 논하려는 것은 아니다. 우리는 앞서 플라톤의 '에피스테메(epistēmē)'와 '독사(doxa)'에 관하여 살펴보았고, '참된 의견(alēthēs doxa)'도 일정 기간 적절한 역할을 할 수 있음을 정리하여 보았다. 영국의 철학자 화이트헤드는 서양철학은 플라톤에 대한 각주에 불과하다고 주장하였는데, 푸코 이외에도 많은 철학자가 플라톤의 철학적 입장에 의문을 제기하였다. 앞서 플라톤의 인식론적 주장에 대해 푸코가 고고학적으로 반박한 내용을 살펴보았다. 즉, 어떤 고고학자가 지층을 깊이 파 내려가면서 철제농기구나 비파형청동검, 빗살무늬 토기를 발견한다면, 그는 그 유물이 나온 지층을 철기시대, 청동기시대, 신석기 시대의 유적지로 판단하게 될 것이며, 시대별 유물이 같지도 연속적이지도 않음을 알게 된다는 것이다. 푸코 방식을 인터넷 세상에 접목해 보자면, 어떤 네티즌이 고고학적 유물이 나온 지층을 철기시대, 청동기시대, 신석기 시대의 유적지로 판단하여 보도한 딥페이크 뉴스를 접한다면, 네티즌은 시대별 유물이 같지도 연속적이지도 않음을 알게 될 것이다. 이처럼, 딥페이크는 지식도 통시적 역사적 지식과 동시대를 관통하는 지식도 모두 다르게 만들어 버릴 수 있다.

앞서 살펴본, 딥페이크 AI는 인공지능 분야 중 하나인 GAN(Generative Adversarial Network, 생성적 적대 신경망)를 이용하여 실제 사람의 데이터를 기반으로 실존 인물의 얼굴을 다른 사람의 몸에 합성하는 기술을 사용하는데, 실제 인물과 거의 구별하기 힘든 가짜 인물의 얼굴, 목소리 등 데이터를 자동으로 생성한다. GAN 알고리즘은 인간의 개입 없이 서로 다른 두 종류의 신경망이 경쟁하면서 더 나은 결과를 자동으로 만들어내는 인공지능 기술로, 가짜 이미지를 생성(Generative)하는 생성자 신경망(Generator)과 진짜 여부를 감별하는 또 다른 신경망인 구분자(Discriminator)를 가지고 있다. GAN 알고리즘은 이 두 종류의 신경망 모델을 적대적(Adversarial)으로 경쟁시켜 진짜와 구별할 수 없는 수준까지 도달하게 하는 대표적인 인공신경망 기술이다.[62] 이러한 기술로 생성된 딥페이크 뉴스를 플라톤의 입장에서 본다면 단지 '현상(現象,

---

62 딥페이크AI의 활용과 윤리, 글로벌경제신문, 2023.8.7.참조. https://www.getnews.co.kr/news/articleView.html?idxno=636934 2024.1.30. 방문.

phainomena, phantasma)'에 관한 지식 즉 '독사(doxa)'일 뿐이다. 다시 말해, '현상(現象, phainomena, phantasma)'에 관한 '참된 의견(alēthēs doxa)'이 곧 뉴스이다. 딥페이크는 '현상(現象, phainomena, phantasma)'에 관한 '참된 의견(alēthēs doxa)'인 뉴스를 두 번째 인식인 "모름(agnōsis)"[63]으로 만들어 버린다. 하지만, 이 "모름(agnōsis)"은 네티즌들에게 '참된 의견(alēthēs doxa)'으로 '현상(現象, phainomena, phantasma)' 한다. 여론조사기관 입소스는 유네스코(UNESCO) 의뢰로 2023년 8월 22일~9월 25일 미국, 멕시코, 인도를 비롯해 2024년 선거를 앞둔 16개국 출신 8천 명을 대상으로 조사한 결과, 85%가 온라인 가짜 뉴스가 선거에 미칠 영향력을 걱정한다고 답했다.[64] 2023년 4월 소셜미디어에 등장한 힐러리 클린튼 전 미국 국무장관이 공화당의 대선 주자 론 디샌티스 플로리다 주지사를 좋아한다고 말한 내용이

---

63 전혀 "있지 않은 것(to mē on)"이 연결된다. "그 어떤 방식으로도 있지 않은 것(to mēdamē on)"이며, 전혀 "없는 것"이다. 어떤 속성을 두고 말한다면, 그것은 그 어떤 특성도 가지고 "있지 않은 것" 본 보고서 앞 페이지

64 연합뉴스, [뉴팬데믹! 가짜뉴스] ③ 바이든도 순간 착각…美대선캠프는 '딥페이크(Deepfake)와 전쟁중', 2023-11-12. https://www.yna.co.kr/view/AKR20231101014900072 2024.1.29. 방문.

보도되었다. 이러한 힐러리의 깜짝 지지 발언은 민주당은 물론 공화당 지지자 모두를 잠깐이나마 어리둥절하게 만들었다. 하지만, 미국 매체들은 클린턴 전 장관의 해당 발언이 '가짜'라는 사실을 신속히 보도했다. 이는 이른바 딥페이크 영상이었다.[65] 또한, 2022년 전쟁 중인 우크라이나와 러시아 대통령들의 딥페이크 영상도 관심을 받았다. 푸틴 대통령이 평화를 선언하는 모습을 담은 딥페이크 영상이나 볼로디미르 젤렌스키 우크라이나 대통령이 러시아에 항복을 선언하는 모습을 담은 딥페이크 영상이 그러하다. 이러한 영상은 SNS기업인 메타와 유튜브에 의해서 삭제되었다.[66] 이러한 딥페이크 뉴스는 네티즌들에게 '참된 의견(alēthēs doxa)'으로 '현상(現象, phainomena, phantasma)'해야 하는 뉴스에 대한 신뢰가 무너지고, 인식적으로 네티즌들은 "모름(agnōsis)"의 상태에 놓이게 된다. "모름(agnōsis)"

65　연합뉴스, [뉴팬데믹! 가짜뉴스] ③ 바이든도 순간 착각…美대선캠프는 '딥페이크(Deepfake)와 전쟁중', 2023-11-12. https://www.yna.co.kr/view/AKR20231101014900072 2024.1.29. 방문. 참조.

66　BBC News 코리아, 러시아-우크라이나 전쟁에 사용된 대통령 딥페이크(Deepfake) 영상, 2022년 3월 20일. https://www.bbc.com/korean/international-60776475 2024년 1월 29일 방문.

의 상태에 있는 네티즌들은 딥페이크가 만든 '사실성'으로부터 '진실'을 배제당하였다. 소크라테스도 진실은 없지만 설득력은 있는 말로 고소당하였다.[67] '설득력'은 있지만 '진실'은 없는 주장은 '참된 의견(alēthēs doxa)'으로 '현상(現象, phainomena, phantasma)'하기도 한다. 수사학이라는 기술이 '진실'을 배제하고도 청중을 설득시켰듯이, 딥페이크 기술도 '진실'을 배제하고 네티즌들을 설득시키고 있다.

---

67 김헌, 이소크라테스의 철학과 파이데이아에서의 '의견(doxa)', 한국서양고전학회, 서양고전학연구(50), 2013. 75면.

2. 칸트의 '정언명법(Categorical Imperative)'과 '가언명법(Hypothetical Imperative)'에 비추어

가. 칸트의 '정언명법(Categorical Imperative)'과 '가언명법(Hypothetical Imperative)'

칸트는 도덕적 명법을 정언명법과 가언명법으로 구분한다. 정언명법은 무조건적 명령 일반에 대한 명제적 형식 규정이고, 가언명법은 조건적 명령 일반이다. 칸트는 도덕적 명법은 인간과 같은 이성적이면서 동시에 유한한 존재자에게만 적용되는 명령이라고 본다. 칸트는 도덕적 명법이 적용되는 존재자와 적용되지 않는 존재자를 구분하는데, 이성을 가진 유한한 존재에게는 적용되고, 신과 같이 완전한 선의지를 지닌 무한한 존재인 신에게는 적용되지 않는다. 신의 의지와 유사한 신성한 의지, 즉 완전한 선의지를 소유하고 있는 의지자는 객관적 법칙에 따르기 위해서 강제가 필요하지 않다. 왜냐하면 이러한 완전한 존재자의 의지는 선(善)을 생각하는 것만으로도 능히 자신의 주관적 소질에 따라 객관적 법칙에 따르는 행위를 행할 수 있기 때문이다. 이와 상반되게 '경향성'이라는 감성적 제약을 지닌 '인간'은 객관적 법칙을 생각할 수 있는 능력과 법칙에 따라 행위하려는 실천적 의지도 동시에 가져야 하고, 자기 강제 또한 필요하다. 따라서, '도덕적 명법'이란 완전하지 못한 주관성을 갖는 이성적 존재자의 의지가 객관성과 보편성을 가질 때 나타낼 수 있는 정식으로, 선의지로 말미암아 가능한 필연적 행위를 규정하는 정식이다.[68] '가언명법'이란 완전하지 못한 주관성에서 달성하려는 목적을 위해 해야만 하는 행위에 관한 명식이다. 그래서, 가언명법의 명식은 어떤 목적 달성을 위한 수단적 특징을 갖는다. 따라서, '그

---

68 맹주만·김형주, 칸트의 정언명법에 대한 명제적 해석, 철학탐구, 제25집, 2009. 5. 31면. 참조.

자체로 선한 선의지'에서 말미암는 행위가 아니라, 수단으로만 선한 명법이다. 이와 상반되게, 어떤 행위가 '그 자체로 선한 선의지'에서 말미암았고, 객관성, 필연성, 보편성을 지녔다면 그 행위의 명법은 '정언적'이다. 이렇듯, 가언명법은 개연적(problematisch) 실천원칙이며, 정언명법은 필증적(apodiktisch) 실천원칙이다.[69]

나. 뵐러(Woeller)의 신념에 대한 강요와 칸트의 대응

칸트는 1794년 12월에 뵐러(Woeller: 당시 법무부 장관 및 교회 및 학교 관련 최고 책임자)로부터 편지를 받는다. 그 편지는 칸트가 『순수한 이성의 한계 내에서의 종교』와 그 외의 논문들에서 기독교의 중요한 가르침을 왜곡하고 폄하하였다는 내용을 담고 있었다. 또한, 뵐러는 편지에서 칸트가 스승으로서 의무와 국가에 대한 충성을 다하지 않았으므

---

69 맹주만·김형주, 칸트의 정언명법에 대한 명제적 해석, 철학탐구, 제25집, 2009. 5. 32면. 참조.

로 이에 대해 양심적으로 해명하고 반성해야만 한다고 주장하였다. 더 나아가 뵐러(Woeller)는 칸트가 의무를 다하지 않을 경우에는 제재를 받게 될 것이라 경고하였다.[70] 칸트는 당국의 요구를 1) 성경과 기독교의 기본 교리를 폄하하고 왜곡한 것에 대한 해명, 2) 재발방지서약으로 요약한다. 이 요구에 대해 칸트는 성경과 기독교에 대해 어떠한 혼합된 평가를 한 적이 없고 할 수도 없었다고 하며, 『순수한 이성의 한계 안에서의 종교』라는 저서가 공적인 종교에 대해 끼친 해는 없다고 주장하였다. 왜냐하면, 『순수한 이성의 한계 안에서의 종교』라는 저서는 일반 대중들이 이해할 수 없는 책이기 때문이다. 또한, 대학에서 일하는 학자들은 자신의 지식과 양심에 따라 '공개적으로 판단할 자유'가 있으므로, 학자들 간의 신앙 논쟁은 타당하다. 또한, 학

---

70 강영안, 갈등 상황에서의 철학과 철학자의 소명-〈학부간의 갈등〉을 통해서 본 칸트의 관점-, 칸트연구, 한국칸트학회, 2008, vol., no.21, 31-32면. 참조. 칸트가 당국으로부터 받은 혐의는 앞서 소크라테스가 아테네 시민으로부터 기소된 내용과 흡사하다. 소크라테스의 죄목은 1.젊은이들을 타락시킨다. 2.아테네 시민들이 섬기는 신들을 섬기지 않는다. 3.다른 신을 모신다는 것이었다. 칸트가 국가의 종교인 기독교를 왜곡하고 폄하한다는 것이나 젊은이들의 스승으로서의 의무를 다하지 않는다는 것이나 부모와 같은 나라에 반대되는 행동을 한다는 것은 소크라테스의 죄목과 내용상 거의 유사하다.

자 간 논쟁은 일반 대중에게 큰 영향을 미치지 못한다. 그러므로 칸트는 이 문제에 대해 정부 당국이 개입하는 것은 적절하지 못하다고 해명하였다. 칸트는 정부 당국이 정당하게 개입할 수 있는 논쟁은 일반 대중을 가르치는 직에 있는 사람들에 대한 것이라고 보았다. 따라서 왕은 일반 대중을 가르치는 직에 있는 사람들에게는 '국가의 종교'에 유익한 것으로 생각되는 것을 요구할 권리가 있다고 칸트는 보았다. 그러나 과연 일반 대중이 『순수한 이성의 한계 안에서의 종교』라는 저서를 전혀 알 수 없고, 학술적인 논쟁이 일반 대중에게는 전혀 영향을 미치지 않는가이다.[71]

다. '정언명법(Categorical Imperative)', '가언명법(Hypothetical Imperative)', '딥페이크'

딥페이크 기술은 어떤 사람의 부재 시에 발생할 수 있는

---

[71] 강영안, 갈등 상황에서의 철학과 철학자의 소명-〈학부간의 갈등〉을 통해서 본 칸트의 관점-, 칸트연구, 한국칸트학회, 2008, vol., no.21, 35-39면 참조.

영상적인 손실을 보충하기 위해서 개발되었다. 그런데, 딥페이크 기술이 널리 보편화되면서 이 기술을 자신이 가진 나쁜 의도로 악용하는 사람들이 늘어나고 있다. 딥페이크로 거짓을 만들어 내는 것은 도덕적으로 어떻게 볼 수 있을까? 칸트는 정언명법(Categorical Imperative)에 따라 누구든 거짓말을 해서는 안 된다고 보았다.[72] 딥페이크는 타인에게 하는 거짓으로 타인에 대한 완전한 의무의 위반이고, 동시에 딥페이크 작자(作者)는 딥페이크를 통해 거짓말을 하는 것이므로 자기 자신에 대한 완전한 의무도 위반하고 있는 것으로 볼 수 있다. 칸트는 거짓말은 자기 자신에 대한 의무를 크게 훼손한다고[73] 하는데, 딥페이크 작자(作者)는 도덕적 존재자로서 진실성을 위반하여 인간의 자기 자신에 대한 의무를 최대로 훼손한다. 칸트에게 거짓말은 한 인격체가 작정하고 만든 비진리다. 거짓말은 자신의 인격체 대한 범죄이자, 인간을 천박하게 만들어 "그 자

---

[72] 맹주만, 덕과 규칙, 그리고 거짓말, 철학탐구, 2017. 28-30면.참조.
[73] 맹주만, 덕과 규칙, 그리고 거짓말, 철학탐구, 2017. 28-30면.참조.

신의 인격에서 인간성의 존엄성을 훼손한다."[74] 딥페이크는 사진이나 동영상을 통해 거짓말을 하게 되는 것과 유사한데, 이는 "고의적인 비진리"다. 딥페이크가 선량한 마음에서든 선한 목적에서 의도된 것이든 딥페이크 작자(作者)는 인간의 자기 자신의 인격에 대한 범죄를 저지르고 있다. 한마디로 딥페이크는 거짓말과 같이 딥페이크 작자(作者)의 인간 존엄성을 훼손한다. 칸트는 자신의 집으로 숨어 들어온 친구를 살해할 의도를 갖고 있는 위협자가 묻는 친구의 행방에 대한 질문에 대해서 비록 좋은 결과를 가져오리라는 예상에서 하는 거짓말일지라도 그것은 도덕적으로 허용할 수 없다고 한다.[75] 선한 의도에서 한 거짓말이라 하더라도 만일 그것이 오히려 나쁜 결과를 초래한다면 그에 대해서도 거짓말한 사람이 책임을 져야 한다는 결과론적 논리를 펼치면서까지 거짓말은 어떠한 경우에도 정당화 될 수 없다고 주장한다.[76] 칸트에게 정언명법은 행위의 도

---

74 맹주만, 덕과 규칙, 그리고 거짓말, 철학탐구, 2017. 28-30면.참조.
75 맹주만, 덕과 규칙, 그리고 거짓말, 철학탐구, 2017. 28-30면.
76 맹주만, 덕과 규칙, 그리고 거짓말, 철학탐구, 2017. 28-30면.

덕성을 평가하는 최종 척도이며, 일종의 도덕성 테스트 절차다. 개인이 행위할 때 가진 개인적 기준을 행위 '준칙'이라고 하는데, 이 테스트를 통과할 수 있어야 그것은 보편타당한 도덕법칙으로 승인된다.[77] 딥페이크 작자(作者)가 가진 행위 준칙은 칸트의 보편타당한 도덕법칙으로 승인될 수 없다. 칸트는 타인에 대한 정직의 의무 혹은 거짓 약속을 하지 않아야 할 의무, 그리고 자기 자신에 대해서 거짓말을 하지 않아야 할 의무 등은 모두 예외를 허용하지 않는 완전한 의무로 분류한다. 이러한 조건을 충족시키는 칸트의 보편법칙의 정식은 "너의 준칙이 보편법칙이 되기를 네가 동시에 의욕할 수 있는 그러한 준칙에 따라서만 행위하라"이다.[78] 정언명법은 무조건적이고 절대적이다. 이 정언명법으로부터 예외를 허용하지 않는 구체적인 도덕원칙들이 연역된다. 예를 들면, '거짓말을 하지 마라', '거짓 약속을 하지 마라', '약속을 지켜라', '무고한 사람을 해치지 마라', '진실을 말하라', '자살을 해서는 안 된다', '자신의 행복을 위해

---

77 맹주만, 덕과 규칙, 그리고 거짓말, 철학탐구, 2017. 28-30면.
78 맹주만, 덕과 규칙, 그리고 거짓말, 철학탐구, 2017. 28-30면. 참조.

서 자신의 소질과 능력을 계발하라', '불행에 처해 있는 사람을 도와주어야 한다' 등등이다.[79] 칸트가 거짓말을 허용할 수 없다고 한 이유도 거짓말은 보편적 규칙이 될 수 없고, 만일 그것을 보편화한다면 그 규칙 자체를 파괴하는 모순이 발생하기 때문이다. 그리고 이렇게 누구나가 거짓말을 보편적 규칙으로 삼는다면, 그것은 사회와 공동체의 성립과 유지도 불가능하게 만들 수 있다. 거짓말이나 딥페이크는 동시에 다음과 같은 칸트의 '목적의 왕국의 정식(모든 이성적 존재자는 언제나 그의 준칙을 통하여 보편적인 목적의 왕국에서 한 사람의 입법하는 성원인 것처럼 행위해야 한다)'에도 어긋난다. 이 준칙은 각 개인이 모든 사람을 대표하는 자로서 법칙을 만들어야 한다는 것이다. 사회구성원의 한 사람이 스스로 거짓말 금지를 법칙으로 만들면서 동시에 거짓말해도 좋다는 규칙을 만든다면, 그것은 자기 파괴적인 법칙이 된다. 또한, 법의 준수와 약속의 이행과 같은 완전한 의무의 기반에서 유지되는 공동체 사회를 근원적으로 불가

---

79 맹주만, 덕과 규칙, 그리고 거짓말, 철학탐구, 2017. 28-30면. 참조.

능하게 한다. 자기 자신에 대한 의무인 거짓말 금지의 원칙이나 악의적인 딥페이크 금지의 원칙은 자기 자신에 부과하는 완전한 의무이다. 공동체 사회를 이루어나가는 데 있어 정직의 의무는 타인에 대한 완전한 의무이다.[80]

---

80 맹주만, 덕과 규칙, 그리고 거짓말, 철학탐구, 2017. 28-30면. 참조.

3. 롤랑 바르트(Roland Barthes)의 '스투디움(studium)'과 '푼크툼(punctum)'에 비추어

가. 롤랑 바르트의 '스투디움(studium)'과 '푼크툼(punctum)'

사진이 인류사에 등장하고 얼마간 사진은 사진에 촬영된 대상 즉 피사체가 중심이었다. 이러한 일반적인 관점에 대하여 롤랑 바르트는 자신의 저서 『밝은 방 사진에 관한 노트(La Chambre claire: Note sur la photographie)』에서 피사체보다는 사진을 바라보는 수용자의 주관적 경험이 중요하다는 점을 강조하였다.[81] 특히, 사진에는 공존하는 두 가지 요소가 있는데 이를 푼크툼(punctum)과 스투디움(studium)으로 구분하였다. 푼크툼은 '찌름'의 라틴어 'punctionem'에서 비롯되어 롤랑 바르트(Roland Barthes)는 사진 이미지를 대하는 사람들은 두 가지 유형의 반응을 할 수 있다고 보았다.[82] 스투디움(studium)은 지적 즐거움 (plaisir)으로서 오브비의 의미이다. 사진을 본다는 것은 시각적 정보를 즉각적으로 알아본다는 것을 말한다. 또한 스투디움은 '우리가 일상에서 거의 반사적으로 어떤 현상이나 상황을 즉각적으로 해석하는 것', '일상의 친숙하고 익숙한 개념'이라 할 수 있다.[83] 이경률은 바르트의 스투디움에 관하여, 시골 초가집과 토담이 보이는 배경에 현대식 주유소의 원색적인 건물을 병치시키는 사진이나, 아스팔트 도로 틈 사이로 난 잡초 사진, 울지도 웃지도 않는 평범한 아줌마의 어설프고 어색한 사진, 휴전선 DMZ 팻말을 배경으로 찍은 인물사진 등 우리가 흔히 코드로 읽을 수 있는

---

81 임상욱, 양종훈, 이상은, 전쟁 다큐멘터리 사진에 관한 연구: '로버트 카파'의 D-Day 사진을 중심으로, 한국콘텐츠학회논문지 20 Vol. 20 No. 7. 369면 참조.
82 임상욱, 양종훈, 이상은, 전쟁 다큐멘터리 사진에 관한 연구: '로버트 카파'의 D-Day 사진을 중심으로, 한국콘텐츠학회논문지 20 Vol. 20 No. 7. 369면 참조.
83 이경률, 롤랑 바르트의 『밝은 방』에 나타난 푼크툼의 환유적 확장, 프랑스학연구, 39, 342-343면. 참조.

모든 경우가 스투디움의 일반적인 해석 작용에 의한 것이라고 예를 들어 설명한다.[84] 이와 대조되는 개념이 푼크툼(punctum)이다. 푼크툼이란 주체자의 아주 특이하고 강렬한 감성적인 관심으로 인한 경험이다. 이경률은 푼크툼을 '한마디로 떠도는 섬광, 파괴자, 상처, 동요'라고 설명한다. 푼크툼은 화살처럼 장면을 떠나 "나를 찌르는" 것으로, 주제를 "찌르는 것(point)"으로, 주제로부터 우리는 감동시키고 동요시키고 전복시키는 것이다.[85] 푼크툼은 스투디움에 의해 은폐되어 있다 어떤 주체에게 뜬금없이 나타나 기존의 일반적인 스투디움을 파괴한다. 바르트는 푼크툼에 관하여 '결코 예리한 검이나 얼룩 혹은 상처와 같은 실제 물리적 대상도 아니며, 이와 같이 발생하는 마음의 상처, 허무, 실현, 공허, 감동, 애수 등 구체적으로 관념화된 대상은 더욱더 아니다. 응시자의 기분에 따라 기변적인 푼크툼은 결코 인식론적으로 설명할 수 없는 것으로 우리의 의식에

---

[84] 이경률, 롤랑 바르트의 『밝은 방』에 나타난 푼크툼의 환유적 확장, 프랑스학연구, 39, 343면 참조.
[85] 이경률, 롤랑 바르트의 『밝은 방』에 나타난 푼크툼의 환유적 확장, 프랑스학연구, 39, 344면 참조.

서 뭔가 불완전함, 부족함, 거기에 아직 없는 것, 여하튼 거기에 결코 없는 것으로 나타난다. 그것은 또한 즉각적으로 출현하는 미묘한 감성의 음식으로 이상의 가장자리에서 부유(浮游)하는 달무리와 같은 존재일 뿐'[86]이다. 롤랑 바르트의 스투디움(studium)은 사물이나 혹은 사람에 대해 열성적이면서 호의적인 관심만을 보이기는 감정과 유사하고, 푼크툼(punctum)은 라틴어로 점(點)이라는 뜻으로 화살처럼 찔려오는 어떤 강렬함, 상대를 향한 뜨거운 감정이라 할 수 있다. 푼크툼은 큐피터의 화살을 맞은 이가 가지는 폭발적인 애착이나 강한 소유욕, 견딜 수 없는 마음의 동요과 같은 것으로 그 원인을 자신도 잘 모르는 충동(impulsion)이나 직감(intuition)과 같은 것이다.[87] 바르트르 식으로 말하자면, 푼크툼의 감정은 사진을 바라보는 응시자의 심금을 울리는 것으로 결코 정확히 설명할 수 없는 것이다.

---

86 이경률, 롤랑 바르트의 『밝은 방』에 나타난 푼크툼의 환유적 확장, 프랑스학연구, 39, 344면.

87 이경률, 롤랑 바르트의 『밝은 방』에 나타난 푼크툼의 환유적 확장, 프랑스학연구, 39, 345면 참조.

나. '스투디움(studium)', '푼크툼(punctum)', 딥페이크

일반적으로 사진은 객관적인 사실을 전달한다고 여긴다. 사진이 등장한 후 초반의 많은 시간 동안 사람들은 사진이 현실을 거짓 없이 옮겨놓는 장치로 파악하여, 사진의 진실성에 대한 권위를 받아들였다.[88] '이러한 통념 때문에 사람들은 사진의 진실성에 대한 권위를 받아들이고 자신이 그 장소에 있었다면 사진 속의 광경이나 대상을 정확히 본 것이라고 믿게 되었다[이영준, 사진의 담론과 역사의 담론, 서양미술사학회논문집, 1999(12)].'[89] 임상욱 등은 전쟁 다큐멘터리 사진이 롤랑 바르트(Roland Barthes)가 말한 사진의 이중적 특징, 즉 '푼크툼(punctum)'과 스투디움(studium)'을 잘 보여준다고 보았다. 임상욱 등은 전쟁 다큐멘터리 사진의 푼크툼적 경험이 사진을 본 사람들에게 어떻게 나타나는지에 관해 인터뷰 등의 연구방법을 통하여

---

88 임상욱,양종훈,이상은, 전쟁 다큐멘터리 사진에 관한 연구: '로버트 카파'의 D-Day 사진을 중심으로, 한국콘텐츠학회논문지 20 Vol. 20 No. 7. 369면 참조.
89 임상욱,양종훈,이상은, 전쟁 다큐멘터리 사진에 관한 연구: '로버트 카파'의 D-Day 사진을 중심으로, 한국콘텐츠학회논문지 20 Vol. 20 No. 7. 369면에서 재인용.

그 과정을 분석한다. 그 결과, 동일한 장소에서 같은 상황을 촬영해도, 사진을 보는 사람들은 촬영한 사진가에 따라 푼크툼과 스투디움을 다양한 방식으로 경험하였다. 즉, 사진은 현실을 그대로 보여주지 못하며 왜곡의 수단이 될 수도 있다.[90] 바르트는 『텍스트의 즐거움』[91]에서, "최종적인 기의(signifié)를 제공하고, 글쓰기를 봉쇄"하게 하는 '작자(作者)'의 죽음을 조건으로, '독자'의 탄생을 선언한다.[92] 오진영은 롤랑 바르트가 결코 고착될 수 없고 독점될 수 없는 가치를 작자(作者)보다 독자를 강조하는 면에서 찾을 수 있다고 보며 곧 윤리적 태도라 할 수 있다고 주장한다.[93]

롤랑 바르트의 입장에서 딥페이크를 살펴보도록 하자. 딥페이크가 가능한 것은 사진이 갖는 스투디움적 요소 때문이다. 사진이나 사진의 연속체인 동영상을 통해서 딥페

---

90 임상욱, 양종훈, 이상은, 전쟁 다큐멘터리 사진에 관한 연구: '로버트 카파'의 D-Day 사진을 중심으로, 한국콘텐츠학회논문지 20 Vol. 20 No. 7. 365면 참조.
91 롤랑 바르트, 김희영 옮김, 『텍스트의 즐거움』(서울: 동문선, 1997).
92 롤랑 바르트, 김희영 옮김, 『텍스트의 즐거움』(서울: 동문선, 1997). pp.33-35. 오진영, 롤랑 바르트 도덕성에 관한 조건, 257면에서 재인용.
93 오진영, 롤랑 바르트 도덕성에 관한 조건, 윤리연구 108호

이크는 스투디움을 가능하게 한다. 그러나 딥페이크가 적용된 사진이나 동영상은 스투디움처럼 여겨지지만 매우 조작적인 푼크툼적 기획이 숨겨져 있다. 일반적으로 보이는 사진이나 동영상은 그렇게만 보일 뿐이고, 그 사진이나 동영상이라는 매개체를 통해서 전달하려는 시각적 사실은 사실이 아니다. 앞서 우리는, 바르트는 『텍스트의 즐거움』에서, "최종적인 기의(signifié)를 제공하고, 글쓰기를 봉쇄"하게 하는 '작자(作者)'의 죽음을 조건으로 '독자'의 탄생을 선언했음을 살펴보았는데, 딥페이크는 "최종적인 기의(signifié)를 제공받지 못한 '독자'의 죽음을 조건으로 독재적이고 숨은 '작자(作者)'의 탄생을 선언"하고 있다고 할 수 있다. 이제 사진이나 동영상이 제공하는 '스투디움(studium)'은 보는 이로 하여금 의도된 '푼크툼(punctum)'만을 가능하게 하여, 오직 작자(作者)의 '푼크툼(punctum)'만이 채워진다. 그 '푼크툼(punctum)'은 나쁜 의도로 물들어 작자(作者)의 '스투디움(studium)'으로 다른 느낌이나 상상은 매우 제한적이 된다. 딥페이크가 제공하는 '스투디움(studium)'을 통해 전달받은 메시지는 현실과 데칼코마니적이다. 시인 이상의 시에 거울 속의 나는 왼손잡이인 것과 같이, 사진과 동영상 속의 어떤 사람은 왼손잡이이지만 왼손잡이도 아니다. '스투디움(studium)'을 제공하는 사진의 작자(作者)는 의도를 가지고 사진이라는 매개체를 만들어낸다. 스투디움(studium)'이 피사체를 보여주는 방식이, 보다 개방적이라면, 사진을 접하는 사람들의 다양한 '푼크툼(punctum)'은 가능해진다. 이는 매우 윤리적이다. 이와 반대로, '스투디움(studium)'이 피사체를 보여주는 방식이, 매우 폐쇄적이고 나쁜 의도가 숨겨져 있다면, 사진을 접하는 사람들의 다양한 '푼크툼(punctum)'은 불가능해진다. 이는 매우 비윤리적이다.

4.
롤즈 정의론에서 상정해 본
'악한 무지의 베일(Bad veil of ignorance)'

가. 롤즈의 '무지의 베일(veil of ignorance)'과 '공정으로서의 정의((justice as fairness)'

롤즈는 모든 인간은 상호 무관심하게 합리적으로 자기의 이익을 추구하는 존재로 보았다. 인간은 인지적으로도 편향되어 있다. 즉 인간은 다른 사람의 이익보다 자신의 이익을 더 잘 이해하기 때문에, 자신의 이익을 중심으로 다른 사람의 이익을 생각한다. 또한 그 반대인 손해에 대해서도 인간은 다른 사람들의 손해보다 자신의 손해에 더 민감

하다.[94] 원초적 입장은 사회의 기본구조를 위한 공적인 정의의 원리를 선택해야 하는 당사자들이 갖추어야 할 조건이다.[95] 고전적 사회계약론의 입장을 반대하는 롤즈는 사회계약 당사자들의 가정적 상황을 '원초적 입장'이라고 하고, 이 상황은 '무지의 베일'의 조건에 의해 규정된다고 주장한다. 고전적 사회계약론의 자연상태에 해당하는 원초적 입장은 일종의 가정적 상황으로, 원초적 입장의 참여 구성원들은 자신들에게 유리하거나 불리하게 적용될 수 있는 모든 확률적 사실들을 가려 합의를 한다는 것이 전제된다. 공정한 합의는 이렇게 자신이 누구인지 알 수 없는 인식의 차단을 통해 절차적으로 가능하다. 이때 무지의 베일은 모든 구성원에게 모든 가능한 지식을 차단하는 기제이다. 이러한 '무지의 베일'이 '원초적 입장'에서 공정한 절차를 통한 합의를 가능하게 한다.[96] 정의의 원칙을 순수이성의 도덕적

---

94 장운혁, 이해관계자의 기업 경영참여는 정당한가?-기업경영에 이해관계자 참여의 규범적 정당성 확보를 위한 노력: 롤즈 『정의론』을 중심으로-, 범한철학, 범한철학회, 78(3), 2015.9. 278면.

95 John Rawls, A Theory of Justice, revised edition(Harvard University Press,1999); 존 롤즈 지음/황경식 옮김, 『정의론』(이학사, 2003), 55-56면. 참조.

96 전해정, 사회복지, 사회정의론, 합리성-롤즈의 정의론에 대한 비판적 기초연구-, 법철

추론이 아닌 순수절차의 구성을 통해 도출하려는 롤즈에게 있어 공정으로서의 정의는 원초적 입장에서 무지의 베일을 통해 구성되기에 그 자체로 공정할 수밖에 없다. 이러한 절차적 정의의 작동결과로서 자율적인 구성원들에 의하여 합의될 수 있는 가장 보편적인 정의에 관한 원칙이 바로 정의의 원칙이다.[97]

나. '악한 무지의 베일(Bad veil of ignorance)', '공정으로서의 정의((justice as fairness)', '딥페이크'

롤즈는 '무지의 베일'로 가려진 인간을 도덕적 인간으로 상정하지 않았다. 무지의 베일로 가려진 인간들은 '상호 무관심하게 합리적으로 자기의 이익을 추구'하는 존재다. 자기 이익을 추구하는 인간은 인지적으로도 편향되어 있는

학연구, 16(2), 한국법철학회, 2013.8. 92면. 참조.
[97] 남현주, "사회정의연구의 두 영역: 규범적 영역과 경험적 영역"(사회보장연구 제23권 제2호, 2007), 140면. 참조

데, 그들은 '다른 사람의 이익보다 자신의 이익을 더 잘 이해하고 자신의 이익을 중심으로 다른 사람의 이익을 생각한다'. 더불어, '무지의 베일'로 가려진 인간들은 '다른 사람들의 손해보다 자신의 손해에 더 민감'하다. '무지의 베일'로 자기 이익에 민감한 인간들 간의 공정한 합의의 절차가 가능하다. 만약, '무지의 베일'로 가려진 인간들에게 딥페이크 사진과 딥페이크 동영상에 관하여 어떤 판단을 내릴 것인지를 묻는다면,'상호 무관심하게 합리적으로 자기의 이익을 추구'하는 존재인 시민들은 딥페이크의 폐해가 자신에게도 미칠 수 있음을 염려하여 어떤 경우에도 딥페이크의 악용을 허용하는 선택을 하지는 않을 것이다. '무지의 베일'로 모든 가능한 지식을 차단하는 기제가 가능하기에 이와 같은 합리적이고 절차를 통한 공정성을 확보될 수 있다. 하지만, 현실 세계에서'모든 가능한 지식을 차단하는 무지의 베일'은 온전히 가능하지 않다. 그럼에도 사람들은 '모든 가능한 지식을 차단하는 무지의 베일'이 있는 것처럼 여기며 합리적인 선택을 하려고 한다. 이러한 선택에 나쁜 영향을 끼칠 수 있는 것이 딥페이크다. 딥페이크는 현실적으로 '악한 무지의 베일'이 되어서, 가능한 자신의 이익에 부합한 결정에 방해가 될 수 있다. 딥페이크로 '악한 무지의 베일'이 기능한다면, 절차에 의한 공정성을 사회적으로 확보하기가 어려워진다. 절차적 정당성을 갖출 수는 있지만, 딥페이크로 인한 '악한 무지의 베일'은 '진정성'과 '진실성'을 확보하는 데 큰 걸림돌이 될 수 있다.

V
인공지능 딥페이크 기술의 안전한 활용을 위한 몇몇 제안

1.
제도권 교육의
활용과 평생 교육을 제안

2023년 10월에 영국 바스 대학교의 연구팀은 인공지능의 도움을 받아 위조된 콘텐츠를 고등 교육 분야 등에 활용할 수 있다는 사실을 발견했다고 한다.[98] 피트니스 훈련과 자유 연설을 주제로 한 인간 대상 실험에서, 일반적으로 사람들은 모르는 사람이 등장하는 영상보다 딥페이크 버전의 교육 영상을 볼 때, 더 빠르고 쉽고 재미있게 학습하는 것으로 나타났다. 이는 피트니스 훈련과 자유 연설을 주제로 한 두 가지 실험을 통해 입증됐다고 한다. '페이크

---

98 IT월드, "딥페이크로 학습 효과 개선" 영국 연구팀, 페이크포워드 실험으로 증명, 2023.10.10. https://www.itworld.co.kr/news/309673#csidx5ea03e56386c540acc954d93ddd1b96

포워드(Fakeforward)' 실험 참가자들은 피트니스 실험에서 자신의 얼굴이 상급 운동가의 몸 위에 배치된 6가지 운동(플랭크, 스쿼트, 벽 스쿼트, 윗몸 일으키기, 스쿼트 점프, 팔굽혀펴기)을 시청하도록 하였다. 시청 후 참가자들은 직접 운동을 따라 했다. 연구팀은 각 운동의 반복 횟수와 참가자가 운동을 '버틸 수 있는' 시간을 측정했는데, 자신의 딥페이크 동영상을 보고 따라 했을 경우에 더 나은 결과를 보였다고 한다.[99] 이번 연구의 공동 저자인 크리스토프 루터로스 박사는 "딥페이크는 정말 강력한 도구이다. 사람들은 팔굽혀펴기를 더 많이 하거나 무엇이든 요청받은 대로 즉시 해냈다. 또한 대부분 사람이 딥페이크를 사용하지 않았을 때보다 운동을 더 잘했고 더 즐거워했다"고 했다.[100]

대정 연설 능력과 관련한 페이크포워드 연구에서 자신의 딥페이크 동영상을 통해 학습한 참가자들의 대중 연설

---

[99] IT월드, "딥페이크로 학습 효과 개선"영국 연구팀, 페이크포워드 실험으로 증명, 2023.10.10. https://www.itworld.co.kr/news/309673#csidx5ea03e56386c540acc954d93ddd1b96

[100] IT월드, "딥페이크로 학습 효과 개선"영국 연구팀, 페이크포워드 실험으로 증명, 2023.10.10. https://www.itworld.co.kr/news/309673#csidx5ea03e56386c540acc954d93ddd1b96

능력은 크게 향상되었다고 한다.[101] 예를 들어, 훈련된 화자의 얼굴을 참가자의 얼굴로 교체한 딥페이크 학습 비디오를 시청한 실험 참가자들은 대중 연설에 대한 자신감과 인지 역량이 모두 증가했다는 것이다. 많은 실험 참가자가 자신의 연설 딥페이크 동영상을 통해 "큰 힘을 얻었다", "딥페이크 영상을 보고 말하기가 그렇게 무섭지 않다는 것을 느꼈다", "연설하는 내 모습을 보니 스스로 자랑스러웠다" 등의 반응을 보였다고 한다.[102]

한편, 딥페이크 기술은 악용될 가능성이 더 크기 때문에, 딥페이크 기술의 이해를 위해서는 가) 실제와 구별하기 어려울 수 있다는 점, 나) 다양한 분야에서 활용될 수 있지만 악용될 가능성이 있다는 점, 다) 가짜 뉴스나 범죄에 대

---

[101] IT월드, "딥페이크로 학습 효과 개선"영국 연구팀, 페이크포워드 실험으로 증명, 2023.10.10. https://www.itworld.co.kr/news/309673#csidx5ea03e56386c540acc954d93ddd1b96

[102] IT월드, "딥페이크로 학습 효과 개선"영국 연구팀, 페이크포워드 실험으로 증명, 2023.10.10. https://www.itworld.co.kr/news/309673#csidx5ea03e56386c540acc954d93ddd1b96 그러나 페이크포워드 학습 방법에도 함정이 있는데, 루터로스 박사는 "딥페이크가 '좋은' 활동을 강화하는 데 사용될 수 있는 것처럼 '나쁜' 활동을 강화하는 데 오용될 수도 있다고 한다. 예를 들어 사람들에게 더 인종차별적이고 성차별적이며 조잡한 행동을 하도록 가르칠 수도 있다. 예를 들어, 끔찍해 보이는 말을 하는 동영상을 시청하면 실제로 그런 말을 하는 사람을 보는 것보다 더 큰 영향을 받을 수 있다"고 지적했다.

한 경각심을 가질 필요가 있다는 점[103]을 명심해야 한다. 딥페이크에 대한 이해와 경감심을 기르기 위해 제도권의 평생교육을 활용할 수 있다. 우리나라 "국가평생교육진흥원(National Institute for Lifelong Education)"은 국민의 평생교육을 활성화하기 위한 평생교육정책 실행의 총괄기구로 2008년 2월 설립되었다. 국가적 차원의 평생교육진흥을 위한 지원 사업, 평생교육 종사자 양성·연수, 평생교육종합정보시스템 구축, 평생학습계좌제, 시·도 평생교육진흥원에 대한 지원, 평생학습도시 활성화, 학점은행제와 독학학위제 운영 등 방대한 영업의 과업을 수행하고 있다고 한다.[104] 국가평생교육진흥원은 국가평생학습포털 '늘배움'을 운영한다. '늘배움(https://www.lifelongedu.go.kr/)'은 흩어져 있는 평생교육 정보와 학습 콘텐츠를 한 곳에서 통합 제공하여 모든 국민이 언제, 어디서나 원하는 평생학습 기회를 누릴 수 있도록 지원하는 "평생학습 종합 포털"이다.

---

103 뉴스밸류, 딥페이크 기술의 이해: 연구와 교육이 필요하다, 2023.12.13. 참조.
104 국가평생교육진흥원 홈페이지. https://www.nile.or.kr/usr/wap/detail.do?app=13309&seq=1&lang=ko

2.
타인의 초상권 및 저작권 침해 금지에 관한 규범의 정립과 제안

"초상권"은 헌법 제10조 제1항 "모든 국민은 인간으로서의 존엄과 가치를 가지며, 행복을 추구할 권리를 가진다"는 헌법적인 가치에 따라 보장되는 권리로, 얼굴을 포함한 신체적 특징에 대하여 갖는 인격적 이익에 대한 권리로서, 본인의 초상이 허가 없이 촬영되거나 공표되지 않을 권리를 의미한다.[105] 초상권은 얼굴을 포함하여 기타 특정인임을 식별할 수 있는 신체적 특징에 대해 함부로 촬영하거나 또는 그림으로 묘사되지 않을 권리이자 영리를 목적으로 이

---

105 법무법인 예율 리컬클리닉 블로그. https://m.blog.naver.com/PostView.naver?blogId=bestkid7&logNo=222022038934&proxyReferer= 참조.

용당하지 않을 권리를 의미한다. 초상권에는 인격권적인 특징과 재산권적인 특징이 있다. 어떤 사람을 동의 없이 무단으로 촬영하는 것은 인격권적인 문제와 연관될 수 있고, 다른 사람의 초상을 허락없이 영리를 목적으로 이용하는 것은 프라이버시권 및 재산권의 문제와 결부될 수 있다. 대법원 판례(2004다16280)는 초상권 침해의 기준과 위법성 판단을 설명하고 있다.[106]

---

[106] 법무법인 예율 리컬클리닉 블로그. https://m.blog.naver.com/PostView.naver?blogId=bestkid7&logNo=222022038934&proxyReferer= 참조. "초상권이나 사생활의 비밀과 자유를 침해하는 행위를 둘러싸고 서로 다른 두 방향의 이익이 충돌하는 경우에는 구체적 사안에서의 사정을 종합적으로 고려한 이익형량을 통하여 침해행위의 최종적인 위법성이 가려지는바, 이러한 이익형량과정에서, 첫째 침해행위의 영역에 속하는 고려요소로는 침해행위로 달성하려는 이익의 내용 및 그 중대성, 침해행위의 필요성과 효과성, 침해행위의 보충성과 긴급성, 침해방법의 상당성 등이 있고, 둘째 피해이익의 영역에 속하는 고려요소로는 피해법익의 내용과 중대성 및 침해행위로 인하여 피해자가 입는 피해의 정도, 피해이익의 보호가치 등이 있다."

3. 사후 친족의 이미지 사용 시 가이드라인 제안

이해원은 '디지털 불멸'을 고인의 동의가 있는 경우에는 동의한 바대로 사용 가능하다고 본다.[107] 한편, 고인의 동의가 없는 경우에는 '디지털 불멸'의 사용 여부는 고인의 인격권이나 재산권을 침해했는지 여부와 관련하여 결정할 수 있다는 의견을 개진한다.[108] 여기서는 이해원의 의견을 정리하고 검토하여 사후 친족의 이미지 사용시의 간략한 가이드라인을 제안하고자 한다.

---

[107] 이해원, '디지털 불멸'(digital immortality)의 법적 문제, KISO JOURNAL, 2022.9.7.
[108] 이해원, '디지털 불멸'(digital immortality)의 법적 문제, KISO JOURNAL, 2022.9.7.

가. 고인의 동의가 있는 경우

이해원은 법학적 측면에서 생각해 볼 때[109] '디지털 불멸'에 관하여 가장 우선적으로 논해야 할 쟁점은 과연 현행 법제상 디지털 불멸이 적법한지(바꾸어 말하면, 고인의 초상, 외형, 음성 등을 디지털 기술로 재현하는 것이 적법한지)일 것이다. 고인의 동의가 있는 경우와 그렇지 않은 경우로 나누어 살펴본다. 고인이 자신의 초상, 외형, 음성 등을 디지털 기술을 사용하여 복원할 것에 명시적으로 동의(고인이 사망 후에 동의할 수는 없으므로, 명시적 표현이 없더라도 여기서의 동의는 '사전동의'를 의미한다)한 경우라면, 그 '동의의 내용대로' 디지털 불멸이 이루어진 경우 이를 위법하다 할 수 없을 것이다. 현행 법제상 사람의 초상, 외형, 음성 등은 인격권으로 보호되는 인격적 표지이고, 이에 관하여 인격권의 주체인 해당 개인이 그 공개나 이용 여부 등을 자유롭게 결정할 수 있기 때문이다. 여기서 '동의의 내용대로'라는 표현의 의

---

[109] 이해원, '디지털 불멸'(digital immortality)의 법적 문제, KISO JOURNAL, 2022.9.7.

미는 디지털 불멸의 실행 주체, 디지털 불멸을 통하여 부활되는 고인의 인격적 징표, 고인을 디지털로 재현함에 따른 이익의 수혜 주체 등이 고인이 동의한 내용과 부합하는 경우를 의미한다. '동의한 내용대로'가 아닌 다른 내용으로 디지털 불멸이 실현된 경우에는 2.에서 후술하는 '고인의 동의가 없는 경우'에 해당한다고 보아야 할 것이다.

나. 고인의 동의가 없는 경우

직관적으로는 고인의 동의(명시적, 묵시적 불문)가 없었음에도 고인의 생전 음성, 초상, 외형 등 인격적 지표를 사용하여 고인을 디지털상에서 되살리는 것은 무엇인가 법적으로 문제가 될 것처럼 보인다. 그러나 법리적으로는 고인의 동의가 없는 디지털 불멸 처리가 위법한지의 문제는 그리 간단하지 않다. 누군가의 행위가 위법하다고 평가되기 위해서는 그 행위로 인하여 침해되는 권리가 있어야 한다. 그런데 고인의 동의가 없는 디지털 불멸의 경우 침해되는 권리가 있는지는 아래와 같이 상당한 논란의 소지가 있기 때문이다.

고인의 동의 없이 고인의 인격적 징표인 음성, 초상, 외형 등을 사용할 경우, 우선 인격권이 침해된다고 생각해 볼 수 있다. 그런데 학설상으로는 견해가 나누어지지만 적어도 판례에서의 인격권은 일신전속적 권리이므로 사람이 사망하면 그 망인의 인격권은 소멸하며, 또한 인격권은 재산권이 아니므로 상속될 수도 없다. 즉, 판례의 견해를 따른다면 고인의 사망으로 고인의 인격권은 소멸하며, 따라서 누군가가 고인의 인격적 표지를 고인의 동의 없이 무단으로 이용하더라도 적어도 고인의 인격권이 침해된다는 이론 구성은 할 수 없다.

VI

기술의 사회적 파장에 대한 이익과 해악 평가위원회 설립 제안

딥페이크는 전체 AI 생태계로 보면 일부분에 불과하지만, 사람들이 일상적으로 쉽게 접하는 미디어·콘텐츠와 연계되면서 사회에 미치는 파장도 점점 더 커지고 있다. 스탠포드대학교 인간중심 인공지능연구소(HAI)가 매년 발표하는 보고서 'AI Index 2023'에 의하면, 독립적이고 개방된 '인공지능, 알고리즘, 자동화 사고 및 논쟁 공공 데이터베이스(AIAAIC)'에 보고된 AI 사고 및 논쟁 수가 2012년 10건에서 2021년 260건으로 26배 증가했다고 한다.[110] 조 바이든

---

[110] CBS노컷뉴스, "보고도 속는다"AI가짜뉴스 범람…딥페이크 전쟁, 2023.11.12.

미국 대통령이 2023년 10월 30일(현지 시간) 인공지능(AI)이 핵무기나 생화학무기 등 대량살상무기(WMD) 제작에 활용되는 것을 차단하기 위해 AI 안전성 평가를 의무화하는 등의 내용이 담긴 행정명령에 서명했다고 한다.[111] 바이든 대통령이 서명한 '안전하고 신뢰할 수 있는 AI 개발 및 사용' 행정명령은 AI에 대한 미 정부의 첫 번째 규제 조치로, 이 행정명령은 머신러닝 등 AI 훈련부터 개발, 생산과 서비스까지 전 분야에 대한 규제를 담고 있다. 백악관은 "AI 시스템의 잠재적 위험으로부터 미국인을 보호하기 위한 가장 포괄적인 조치"라고 강조했다.[112] 로이터는 2023년 10월 29일(현지 시각) "G7이 30일 AI 관리·보안 강화, 개인정보보호 등 총 11개 항목으로 구성된 AI 국제 행동 강령

---

[111] 동아일보, 美"AI로 핵무기 등 개발 차단"…안전평가 정부에 보고 의무화, 2023.11.1. "AI 패권을 둘러싼 미중 경쟁이 심화되는 가운데 AI가 적국이나 테러단체의 손에 들어가 미국 국가안보에 치명적인 위협을 가하지 못하도록 사전 차단 장치를 마련하겠다는 것이다. 바이든 행정부는 6·25전쟁 당시 정부가 민간기업에 개입할 수 있도록 한 근거가 된 '국방물자생산법'을 AI 규제에 적용하며 AI를 핵심 국가 전략기술로 통제하겠다는 의지를 분명히 드러냈다."

[112] 동아일보, 美"AI로 핵무기 등 개발 차단"…안전평가 정부에 보고 의무화, 2023.11.1. "행정명령은 AI 개발 시 사전에 취약점을 찾아내는 '레드팀(Red Team)'을 의무적으로 구성해 안전성 테스트 결과를 정부에 보고하도록 했다."

에 합의할 예정"이라고 보도했다.[113] 이 행동 강령에는 기업이 AI 위험성을 주기적으로 식별하고 이를 완화하기 위한 적절한 조치를 해야 한다는 내용이 담겼는데, AI 시스템의 성능·제약·오용 사례에 대한 보고서도 공개하도록 했다고 한다. 또한, AI가 생성한 콘텐츠에는 별도 식별표시(워터마크)를 달아야 하고, AI 해킹을 막기 위해 보안에 적극적으로 투자해야 한다는 내용도 있다고 한다.

우리나라도 이제 'AI 관리·보안 강화, 개인정보보호 등에 관한 AI 대응 강령'에 대한 대비를 해야 한다. 우리는 생명윤리법에 따라 인간대상 연구와 인체유래물 연구에서 피험자와 피험자의 개인정보를 보호하기 위한 기관위원회를 설립하여 운영하고 있다. '공용 기관 생명윤리 위원회'와 유사하게 '(가칭)기관 인공지능윤리 심의위원회'를 설립하여 인공지능의 관리와 사회적 파장에 대한 안전을 확보하여야 하겠다. 인공지능 기술 개발에 관한 안전을 확보하고 사회적으로 심각한 영향을 미칠 수 있는 인공지능 과학기술을

---

113 조선일보, "AI 콘텐츠에 워터마크" G7, 국제 규범 첫 제정, 2023.10.31.

연구하고 개발하거나 이용하는 기관에 '(가칭)기관 인공지능윤리 심의위원회'를 설립하도록 하면 어떨까 한다. '(가칭) 공용 기관 인공지능윤리 심의위원회'는 각 '(가칭)기관 인공지능윤리 심의위원회'에 대한 조사 및 평가, 소속 위원에 대한 교육 등 기관위원회 관리와 인공지능기술에 대한 안전 검사나 인공지능 컨텐츠에 워터마크 등을 제대로 관리했는지에 관한 실무를 교육하고 지원하도록 하도록 하면 우리 사회의 인공지능 기술 개발에 큰 기여가 될 듯 하다.

참고문헌

| 학술문헌 |

- 강영안, 갈등 상황에서의 철학과 철학자의 소명-〈학부간의 갈등〉을 통해서 본 칸트의 관점-, 칸트연구, 한국칸트학회, 2008, vol., no.21.

- 김찬솔, 신규 저작권 침해 유형 및 이슈-딥 페이크과 저작권 침해, 한국저작권보호원 이슈보고서, 2021.5. 2면. 참조

- 김헌, 이소크라테스의 철학과 파이데이아에서의 '의견(doxa)', 한국서양고전학회, 서양고전학연구(50), 2013.

- 남현주, "사회정의연구의 두 영역: 규범적 영역과 경험적 영역"(사회보장연구 제23권 제2호, 2007), 140면.

- 롤랑 바르트, 김희영 옮김, 『텍스트의 즐거움』(서울: 동문선, 1997).

- 맹주만·김형주, 칸트의 정언명법에 대한 명제적 해석, 철학탐구, 제25집, 2009. 5.
- 맹주만, 덕과 규칙, 그리고 거짓말, 철학탐구, 2017.
- 박준·조영호 (2019). 딥페이크 영상 탐지 관련 기술 동향 연구. 한국정보과학회 학술발표논문집.
- 임상욱, 양종훈, 이상은, 전쟁 다큐멘터리 사진에 관한 연구: '로버트 카파'의 D-Day 사진을 중심으로, 한국콘텐츠학회논문지 20 Vol. 20 No. 7.
- 이경률, 롤랑 바르트의 『밝은 방』에 나타난 푼크툼의 환유적 확장, 프랑스학연구, 39.
- 임상욱, 양종훈, 이상은, 전쟁 다큐멘터리 사진에 관한 연구: '로버트 카파'의 D-Day 사진을 중심으로, 한국콘텐츠학회논문지 20 Vol. 20 No. 7.
- 오진영, 롤랑 바르트 도덕성에 관한 조건, 윤리연구 108호
- 신성원, 딥페이크(Deepfake) 기술을 활용한 디지털 성범죄에 관한 연구, 한국치안행정논집 제20권 제4호(통권 제67호).
- 장운혁, 이해관계자의 기업 경영참여는 정당한가?-기업경영에 이해관계자 참여의 규범적 정당성 확보를 위한 노력: 롤즈『정의론』을 중심으로-, 범한철학, 범한철학회, 78(3), 2015.9.

- 전해정, 사회복지,사회정의론,합리성-롤즈의 정의론에 대한 비판적 기초 연구-, 법철학연구, 16(2), 한국법철학회, 2013.8.

- 최순욱·오세욱·이소은 (2019). 딥페이크의 이미지 조작: 심층적 자동화에 따른 사실의 위기와 푼크툼의 생성. 〈미디어, 젠더 & 문화〉 34권 3호.

- Li, Y., Chang, M. C., Farid, H., & Lyu, S. (2018). In ictu oculi: Exposing ai generated fake face videos by detecting eyeblinking. arXiv:1806.02877 [cs.CV]

- John Rawls, A Theory of Justice, revised edition(Harvard University Press,1999); 존 롤즈 지음/황경식 옮김, 『정의론』(이학사, 2003).

| 준 보고서 |

- 딥페이크(Deepfake) 기술의 빛과 그림자, 크린드리포트, 2019KIC Media Issue&Trend

- 투이컨설팅, 딥페이(Deepfake), 나쁘기만 한 것은 아니다! 터틀맨, 김광석, 유관순, 나연이 등 딥페이크 기술의 착한 활용 사례, 2022.2.17.

- 이해원, '디지털 불멸'(digital immortality)의 법적 문제, KISO JOURNAL, 2022.9.7.

Ⅰ 신문기사 Ⅰ

- 글로벌경제신문, 딥페이크AI의 활용과 윤리, 2023.8.7.
- 뉴스밸류, 딥페이크 기술의 이해: 연구와 교육이 필요하다, 2023.12.13.
- 동아일보, 美 "AI로 핵무기 등 개발 차단"…안전평가 정부에 보고 의무화, 2023.11.1.
- 동아사이언스, '방사능의 어머니' 퀴리, 진화론의 다윈 딥페이크로 부활했다. 2021.3.2.
- 서라벌 신문, 스투디움(studium)과 푼크툼(punctum), 2012년 10월 08일.
- 서울경제, '외설적 발언'하는 기시다?'하루 새 232만뷰' 찍은 영상의 정체, 2023. 11. 5.
- 양산신문, [인문학 칼럼]당신의 에피스테메는 무엇인가?, 2021.9.2.
- 연합뉴스, [뉴팬데믹! 가짜뉴스] ③ 바이든도 순간 착각…美대선캠프는 '딥페이크(Deepfake)와 전쟁 중', 2023-11-12.
- 중앙일보, 대장암에서 떠난 주연 보스만…원조 사라진 '블랙팬서' 속편은, 2022.11.9.
- 조선일보, "AI 콘텐츠에 워터마크" G7, 국제 규범 첫 제정, 2023.10.31.
- 조선일보, "수갑 차겠다"던 트럼프, 벌써 주황색 죄수복을?온라인 퍼진 사진정체는, 2023.3.23.

- AI타임스, "AI메타버스 타임머신 타고 역사 속 인물 만난다"(下), 2021.3.23.

- AI타임즈, SNS·AI 빅테크 6곳, '딥페이크' 선거 공동 대응안 마련, 2024.2.14.

- BBC News 코리아, 러시아-우크라이나 전쟁에 사용된 대통령 딥페이크 (Deepfake) 영상, 2022년 3월 20일.

- CBS노컷뉴스, "보고도 속는다" AI가짜뉴스 범람…딥페이크 전쟁, 2023.11.12.

- IT월드, "딥페이크로 학습 효과 개선" 영국 연구팀, 페이크포워드 실험으로 증명, 2023.10.10.

- IT조선, 블랙팬서 '채드윅 보스만', 차기작서 그래픽으로 부활하나, 2020.9.1.

- YTN, [뉴있저] 딥 페이크로 되살아난 '독립운동가들', 2021.3.3.

| 인터넷 자료 |

- 국가평생교육진흥원 홈페이지. https://www.nile.or.kr/usr/wap/detail.do?app=13309&seq=1&lang=ko

- 법무법인 예율 리컬클리닉 블로그. https://m.blog.naver.com/PostView.naver?blogId=bestkid7&logNo=222022038934&proxyReferer=

- 하늘소 블로그. https://blog.naver.com/artlife/222030533654.